한국피부미용사회중앙회 15년사

사단법인
한국피부미용사회중앙회
KOREA CENTRAL ESTHETICIAN'S ASSOCIATION

발간사

오직 35만 피부미용인의 협회로 성장 발전시키겠습니다

인간은 완성되지 않은 채 세상에 던져진다고 합니다. 그러나 완성에 가깝게 살기 위해 노력은 해볼 만하다고 생각하면서 살아왔습니다. 대한민국에 피부미용사라는 전문제도를 도입하고자 하는데 청춘을 다 써버린 격동의 세월을 모두 기억할 수는 없습니다만.

2007년 4월 5일 보건복지부 장관으로 부터 피부미용인들의 '집' 사단법인 한국피부미용사회라는 협회를 설립 허가를 받은 후 15년사를 발간하게 된 지금의 심정을 일부분이라도 고백하는 저에게는 고백사라는 말씀이 더 정확할 것 같습니다.

청춘의 시간을, 피부미용사 전문제도를 인정받기 위하여 보낸 땀과 눈물의 세월들을, 15년사에서 조금은 투정처럼 밝히고 싶습니다. 1999년 6월 3일은 어쩌면 내 인생의 분기점이라고 할 수 있습니다. 무거운 짐을 진날이기도 하지만 새로운 고난에 접어든 날이기도 합니다.
고난 앞에 놓인 장애물 경기에 나선 것이라고 할 수 있습니다. 무언가를 시작하면 끝을 보는 성격인 탓도 있지만 책임을 지면 완성하는 것을 보고야 마는 타고난 DNA 인자도 있습니다.
위원장으로서의 당선의 기쁨은 3일이 다였습니다. 내 인생에도 바람이 불어오고 바람이 불어가고 있었습니다. 변화를 예고했지만 태풍이 오고 갈 줄은 예측할 수 없었습니다.
열심히 피부미용 전문제도를 이뤄내면 되겠지라는 나만의 착각이 불어오는 회오리 바람을 막기가 힘들었습니다. 순한 바람이 아닌 거친 태풍!

사람을 움직이게 하는 동인의 핵심 부분이 바로 이기심이라고 하는 사실에 실망할 필요는 없지만 내가 아닌 남이 하는 것을 대부분의 사람들이 거세게 흔들어 버린다는 게 큰 아픔이었습니다. 이기심과 질투심에 칼날을 두려워만 하면 안 된다는 생각을 여러 번 했습니다. 어차피 격동의 변곡점에 씨앗을 심기로 했으니 고난과 역경이 먹구름처럼 온다 해도 다투고 깨지더라도 완성을 꿈꿔 보자 마음먹었습니다. 제일 힘든 바람은 조수경이라는 사람을 모함하는 바람이었습니다.

가정을 뒤로하고 대부분 사비를 써가면서 도움을 요청하느라 많은 사람을 만났습니다. 정작! 응원과 칭찬을 해야 할 피부미용인들이 모함을 하는 것은 지금 생각해도 화가 납니다. 회장을 하고 싶어서 회원들을 사기 치고 되지 않는 피부미용 전문제도를 만들겠다고!... 낮에는 열심히 뛰어다니고 밤에는 혼자 잠자리에서 상처를 받았습니다. 내 인생에 최고가 되고 싶다는 생각은 한 번도 해본 적 없었습니다. 지금은 피부미용산업체 최고이네요 하하..

10년의 투쟁 끝에 공중위생법 시행규칙 개정, 피부미용 전문제도 완성! 가칭 사단법인을 떼고 보건복지부 장관이 승인한 (사)한국피부미용사회! 드디어 법정단체가 되었을 때! 한바탕 흘린 눈물을 기억에서 지울 수 없습니다. 사단법인 등기를 하기 위해 필요한 준비 자금이 없어 집 담보대출 1억 2천만 원을 가족 몰래 받았을 때! 모든 것이 지금 생각하면 알 수 없는 집착에서 오는 배짱! 이었던 것 같습니다.

대한미용사회중앙회 피부분과위원회 위원장으로서 그곳을 탈퇴하겠다고 용감하게 선언한 그때는 앞뒤도 보지 않고 오로지 전문 피부미용이 되고자 용기백배하며 준비도 없이 뛰쳐나온 나는 누구를 믿고 그렇게 용감할 수 있었을까. 지금 생각해 보면 많이도 철없이 용기를 냈었던 것 같습니다.

우리나라에서는 옳고 그름에 관 없이 하나의 일을 이루어 내기에는 참으로 지난의 고통이 따른다는 것을 알았습니다. 표리부동하고 위선적이며 이중적 삶을 영위하는 사람들과 힘겨루기를 하는 듯한 협상과 토론, 논쟁의 과정들은 때로는 나를 지치게 했습니다.

나는 정치인이 아닙니다. 경제인도 아닙니다. 그렇다고 애국하는 애국자도 아닙니다. 다만, 내가 좋아서 하고 있는 피부미용인이 무시 받고 존중받지 못하는 직업인으로 취급되어지는 것이 용납되지 않아 국회에 입법청원하였지만 정부도 국회도 공감해주지 않으니 머리띠를 두르고 투쟁할 수밖에 없었습니다. 10년 넘게 투쟁하고 고뇌하면서 결국은 국가가 인정하는 전문제도가 탄생되었습니다.

여성 전문 일자리가 창출되었고 뷰티산업이 성장하는 계기가 되었습니다. 전국 피부미용영업자의 단체인 협회를 설립하고 전국 21개 지회를 구성하면서 명실상부한 사단법인 한국피부미용사회중앙회 15년의 역사를 기록하게 되었습니다. 역사의 페이지에는 즐거운 추억과 슬픈 이별의 추억이 있습니다.

CIDESCO 세계대회 2000년 이태리 총회에서 계획서를 냈습니다. 2002년 영국 총회에서 2005년 한국 유치를 확정하는 쾌거를 올렸습니다. 가입국 38개 국가가 참여한 그날! 저는 멋지게 프레젠테이션을 했습니다. 말할 수 없이 기뻤습니다. 드디어 한국에서도 CIDESCO 총회를 열게 되는

구나! 그러나 웬걸! 준비 과정에서 1년 반을 남겨 놓고 청천벽력 같은 통보를 받았습니다. 한국 총회 보류! 헤어 단체에서 CIDESCO에 보낸 공문이 우리 협회에 되돌아 왔습니다.

조수경이 운영하고 있는 협회는 사단법인이 아니고 임의단체이기 때문에 국제행사를 치를 수 있는 능력이 안 된다는 내용이었습니다. 국가 안에서는 소위 밥그릇 싸움이랄까? 업무상 갈등이 있다고 하지만 세계 총회를 무산시켜 놓다니…! 기가 막히고 어처구니없는 행동이었습니다. 그러나 그냥 받아들일 수만은 없었습니다. 다시 공문을 작성하여 CIDESCO 본부에 보냈습니다.
「나는 지금 피부미용 전문화를 위해 대한피부미용사회에서 독립했으며, 그쪽은 헤어만을 하는 단체이다」 여러 번 오고 가는 구체적 변명을 하는 과정에서 호주 총회에서 결정짓겠다는 답변이 왔습니다. 이후 호주 비행기를 탔습니다.

너무 기가 막힌 건 대한미용사회에서 호주 총회장에 2명이 나타났습니다. 우리는 몸싸움을 벌였습니다. 미용인들이 회의 장소에 본인들이 참석해야 한다는 것이었습니다. 부끄럽고 어이가 없었습니다. 결국 2003년 CIDESCO 한국 지부 자격 박탈이라는 불명예를 안게 되었습니다. 그 후 2년간 나는 다시 CIDESCO 회원 국가가 되기 위해 피나는 노력을 했습니다. 우리 단체는 피부미용인들로 구성된 단체이며 전국 조직을 가졌다… 등등 공증까지 해서 보냈습니다.

결국 2005년 54차 뉴욕 총회에 초대되었습니다. 회의장에는 입장을 하지 못하고 한국 섹션을 인정한다는 의결이 날 때까지 초조하게 기다리고 있었습니다. 총회 장소 문을 열고 나온 본부 직원이 입장하라는 말과 함께 문을 열었습니다. 모든 CIDESCO 회원 국가가 박수로 환영하면서 코리아 뉴 섹션 가입을 환영한다고 했습니다. 결국 이 또한 해냈다는 생각에 눈물이 흐르고 가슴이 벅찼습니다.

그간 역대 위원장들 중 한 명은 CIDESCO 본부에 조수경이 이끌어 가는 단체는 인정해 주지 말라고 투서를 보냈다는 지울 수 없는 상처도 있었고, '조수경이 끌어가는 단체는 피부미용인들만 모인 단체이니 시데스코에서 인정 해주길 바란다'는, 협조요청을 했을 때 역대 위원장 어느 한사람도 관심을 가져주는 사람이 없었습니다.
지금 생각해도 너무 슬픈 기억이었습니다.

새삼 가슴이 무너지는 기억들… 가슴이 터질 것 같은 기억들… 내려놓고 싶었던 기억들…. 참으로 하나의 일 -그것이 옳고 그름에 관계없이을 이뤄내기에는 너무나 큰 고통이 따른다는 것을 15년사 기록에서 꼭 말하고 싶었습니다.

제가 대한미용사회중앙회 피부분과위원회 위원장이 되기 전 역대 위원장이었던 분들도 대한미용사회중앙회 회장단에게 전문화를 요구했었습니다. 시작하면 끝을 보고 마는 무모한 저와는 달리 그 곳을 탈퇴하는 결심을 못했을 뿐입니다. 또한, 피부미용 전문제도를 부르짖으며 함께 했으나 어떠한 이유에서든지 끝까지 함께하지 못했던 많은 분들도 고맙고 감사하게 생각합니다.

온갖 루머에 시달리면서 욕설하고 비난했던 모든 이들에게도 협회가 탄탄하게 조직화되면서 용서하는 마음이 생겼습니다. 조직(협회)이 탄탄해지고 이상적인 조직문화가 형성되어가니 이제 박수를 보내고 응원의 목소리로 변했습니다.

사단법인 한국피부미용사회중앙회 1~6대 임원들 우리는 매월 만나면서 가족이 되었습니다. 타 단체와 다른 점은 매월 모여 의논하고 의제를 결정하며 지회에 전달하는 조직체계가 형성되었습니다. 이제 법정단체로서 영업자가 35,000업소, 피부미용업에 종사하는 가족은 35만에 육박합니다.

뷰티 산업인들은 경제 산업인들 이라고 생각합니다. 그 곳의 중심은 협회입니다. 땀을 흘리지 않고 살아남을 수 없습니다. 높이 또 멀리 뛰려하지 않습니다. 안전하고 오래오래 뛰려고 합니다. 피부미용인들에게 안전하고 행복하게 웃을 수 있는 직업군의 울타리로 남겠습니다. 축제는 환희와 함께 시작되지만 마무리도 환희와 함께 끝내겠습니다. 오직 35만 피부미용인의 가족을 위한 협회로 성장 발전시키겠습니다.

끝으로 15년사를 발간하면서 많은 도움을 주신 편찬위원장님과 편찬위원님들께 감사드립니다. 감사합니다.

2024년 3월
사단법인 한국피부미용사회중앙회장
조 수 경

축사

뷰티산업 선도자로서의 역할 다해 주시길

안녕하십니까, 보건복지부 장관 조규홍입니다.
한국피부미용사회중앙회 설립 15주년을 맞이하여 그동안의 여정을 한 권의 책으로 묶게 된 것을 진심으로 축하드립니다.

2008년 피부미용 업종이 분리되고 15년이 지났습니다. 그간 전문인력의 배출, 다양한 기술 개발 등 피부미용 발전을 위해 한국피부미용사회중앙회 및 30만 명의 피부 미용인 여러분께서 각고의 노력을 기울여 왔다는 점을 잘 알고 있습니다. 그 결과 매년 우리나라의 뷰티산업은 크게 성장할 수 있었습니다.

전 세계적으로 개인의 미적 관심이 높아짐에 따라 뷰티산업은 다시 한번 도약의 기회를 맞이하고 있습니다. 새로운 관광 및 수출 콘텐츠로서 높은 성장 잠재력을 지니고 있으며, 파생되는 일자리 창출 효과도 큰 것으로 보입니다.

여러분이 중심이 되어 피부미용 산업의 발전을 한 단계 높인다면 우리는 더 큰 성장을 이루어낼 것으로 기대합니다. 국민의 아름다움에 대한 욕구 충족뿐만 아니라 삶의 질 향상에도 기여할 수 있을 것이며, 나아가 세계의 뷰티산업을 선도할 수 있을 것이라 생각합니다.

그동안 한국피부미용사회중앙회와 피부미용인 여러분이 걸어온 15년의 발자취를 되돌아보고 새로운 미래를 준비하기 위한 '한국피부미용사회 15년사' 발간은 이러한 점에서 매우 의미 있는 일로 생각합니다. 정부는 앞으로도 여러분과 지속 소통하며 필요한 정책적 지원이 적시에 이루어질 수 있도록 노력하겠습니다.

다시 한번 「한국피부미용사회 15년사」 발간을 축하드리며 한국피부미용사회중앙회가 한국 뷰티산업의 선도자 역할을 다해 주실 것을 기대합니다.

보건복지부 장관 **조규홍**

축사

**후배에게 물려주고 싶은 피부미용을 위해
쉼 없는 노력으로 새로운 도약을!!**

 기록을 남긴다는 것은 지나온 과거를 돌이켜 보면서 현재를 분석하고 여기서 얻어지는 교훈을 다가오는 미래에 반영하고자 함입니다. 「한국피부미용사회중앙회 15년사」도 마찬가지로 그동안의 역정을 반추하면서 앞으로의 중앙회 활동에 나침반을 삼고자 해서일 것입니다.

 중앙회 15년은, 보다 정확하게 말하면 대한미용사회중앙회 내 〈피부미용분과위원회〉가 피부미용업의 독립, 미용미용사회의 독립, 미용기기 사용 승인 등을 확보하기 위한 1999년 부터의 25년여의 투쟁의 역사입니다. 이제 보건복지부의 사단법인 한국피부미용사회 설립승인(2007. 4. 5), 공중위생관리법 시행규칙 개정을 통한 피부미용사제도 도입(2007. 4. 5), 피부미용기기KC인증(공산품) 사용지침을 통한 피부미용목적의 미용기기 사용승인(2023. 6. 20) 등 주요현안이 어느 정도 마무리 된 현시점에서 앞으로의 15년 또는 25년은 지금까지 이룬 외형적 틀의 완성에서 더 나아가 내적 충실을 기해 피부미용산업의 발전을 통한 국민의 삶의 질 향상에 주력해야 할 것입니다. 투쟁의 역사를 뒤로 하고 앞으로의 전진을 향한 힘찬 발걸음을 내딛어야 할 것입니다.

 그러기 위해서는 완전한 제도 정립을 위해 국회의 적극적인 입법 활동 지원과 이를 위한 정부의 우호적인 정책의지를 이끌어 내고 이해관계의 대책점에 있는 유관기관과의 유기적인 협력방안 구축이 절실합니다. 또한 업의 질을 한 단계 도약시키기 위한 지속적인 연구개발과 선진 뷰티산업기술의 도입, 연마 등 쉼 없는 노력이 필요하며 내부적으로는 피부미용인의 지위향상과 회원 상호 간의 친목도모, 피부미용문화의 창달을 위한 회원 상호 간의 이해와 배려, 소통과 공감이 필요합니다.

 인간은 태어나면서부터 아름다움을 추구하려는 원초적 본능이 있습니다. 피부미용은 이러한 인간의 본능에 가장 가까이에서 손쉽게 접근할 수 있는 산업입니다. 후배에게 물려주고, 제자에게 넘겨주고, 자식에게 남겨주고 싶은 피부미용이 되기 위해서는 피부미용인 여러분 모두가 힘을 모아 함께 나아가야 합니다. 변화와 혁신을 통해 새로운 미래를 가꾸어 나아가야합니다. 변화와 혁신을 통해 새로운 미래를 가꾸어 나아가야 합니다 중앙회의 15년사 발간을 진심으로 축하드리며, 피부미용인 여러분의 건승과 한국피부미용사회중앙회의 무궁한 발전을 기원합니다.

편찬위원회 위원장 **강윤구** (전 보건복지부 차관)

15년사

발간사	6
축사	10
축사	11
목차	12
협회 로고	18
피부미용인의 노래	19
사진으로 보는 15년사	20
협회 소개	39
연혁	40

제1장 태동기

1. 외롭고 힘든 투쟁의 시작

○ 2007. 4. 5. 이전 대한민국의 미용업 형태	46
○ 피부미용 변화에 큰 분기점 예고 1999. 6. 조수경 회장, 피부미용분과 위원장에 당선	46
○ 피부미용사 전문제도 출발점	47
○ 피부미용전문화 요구 최초 항의성 집회	47
○ 피부미용인들의 도전 시작과 끝없는 집회시위	49

2. 끝이 보이지 않는 내일

○ 대한미용사회중앙회장 수십 번 설득, 더 큰 회장님 되십시오. 저 같은 사람 활용 하십시오	50
○ 피부미용분과위원회 위원장, 깊은 고뇌에 빠지다	50
○ 두 번째 '피부미용자격제도 신설 촉구' 집회시위	51
○ 세 번째 '노동부(자격지원과)를 대상으로 피부미용종목 신설 포함 촉구' 집회 시위	51

○ 조수경 위원장, 대통령표창 선정 사양하다 ·· 52

3. 만만치 않은 세상

○ 반대하는 단체가 많아서 만만치 않은 세상 ·· 53
○ 조수경 회장, 분과위원장으로서 대한미용사회중앙회 이사회 참석, 정면으로 맞서 ········ 53
○ 피부미용분과, 대한미용사회중앙회에서 탈퇴 선언 ·································· 54
○ 미용면허 하나면 뭐든지 다 할 수 있다며 변하지 않은 헤어미용인들 ················ 54
○ 피부미용전문화 외치고 나온 대한미용사회중앙회 피부미용분과위원장에
　피부미용교수가 임명받아 ·· 55

제2장 조성기

업의 독립 : 피부미용업 제도화

1. 제도화를 위한 빠른 길, 국회를 찾다

○ 피부미용제도화 1차 길라잡이(잊을 수 없는 분) ····································· 60
○ 피부미용제도화 2차 광화문 한식집에서 ··· 61
○ 피부미용제도화 3차 또 다른 정치인을 만나다 ······································ 61
○ 청원서 제출하라는 보좌관의 승낙 ··· 62
○ 청원서를 만들어 본 경험이 없는 당시 청원자는 많은 고민에 쌓였다 ················ 62
○ 1999. 12. 14. 최초 청원서 제출 ·· 62

2. 국회에 2차 청원서를 내다

○ 2000. 7. 24. 7시, 9시 KBS뉴스 방송 ··· 64
○ 피부과·성형외과 의사 피부미용행위 절대근절시위 ································· 65

○ 피부미용전문자격화를 위해 여자이기를 포기한 삭발 ·· 66
○ 노력과 땀으로 '피부미용자격 신설' 연구용역 이끌어내 ································· 68
○ (사)한국피부미용사회중앙회 로고 ·· 68
○ (사)한국피부미용사회중앙회 기 ·· 69
○ 2002. 2. 28. 공중위생업 발전 방안(안 : 미용업의 자격분리) 공청회 있는 날 ········ 69
○ 16대 국회에 2차 청원서 제출 ·· 71

3. 아직도 꽉 닫힌 정부의 문

○ 보건복지부 장관, 정부 입법 추진 약속 ·· 72
○ 국회 보건복지위원회 법안심사소위원회, '피부미용제도화 신설' 심사 통과 ········ 72
○ 국무총리실에 '피부미용제도화 약속 불이행' 1차 민원제기, 2차 민원제기 ········ 75
○ 보건복지부 장관 집 앞 1년 1인 시위, 단식농성 15일 간 ······························· 78
  (2004. 10. 11. ~ 24.까지)
○ 정부과천종합청사 잔디마당 "국가자격신설"을 외치며 울부짖던 날 ···················· 81

4. 드디어 정부가 움직이기 시작했다

○ 2005. 2. 18. 보건복지부, 노동부에 피부미용자격 신설 요청 공문 발송하다 ·········· 82
○ 유시민 장관, 보건복지부 장관으로 오다 ··· 83
○ '피부미용'과 '헤어미용' 분리하는 공중위생관리법 시행 규칙 개정(안) 입법예고 ······ 83
○ 떠난 장관이 피부미용국가자격신설 방해하다니 ··· 83
○ 2006. 12. 29. 노동부 국가기술자격법 시행규칙 입법 예고 ······························ 85

5. 피부미용업 탄생하다

○ 2007. 4. 5. 피부미용업이 탄생하다 ·· 86
○ 피부미용업무범위 정책회의 ·· 86
○ 2007. 10. 31. 피부미용사 국가자격 이론시험과목으로 피부미용 기기학 채택되다 ···· 87
○ 최초 피부미용사 국가기술자격 이론시험 실시 ··· 88

조직의 독립 : 한국피부미용사회 탄생

1. 대한미용사회를 떠나다

- 대한미용사회중앙회 탈퇴 논의, 통보, '대한미용사회중앙회' 떠나다 ·················· 90
- 가칭) 사단법인 한국피부미용관리사협회 창립. 발기인 대회 및 발족식 ················ 91
- 한방피부미용사협회 창립총회 저지항의, 조수경 회장 업무집행방해죄로 검찰 소환되다 92
- 가칭) 사단법인 한국피부미용관리사협회 발족식 갖고 첫 이사회 ·················· 92

2. 한국피부미용사회 탄생하다

- 사단법인 창립을 아무도 모르게 준비했다 ··· 94
- 2007. 4. 5. 피부미용사제도 시행발표! 사단법인 승인(허가)된 날 ················ 94
- 법인설립운영자금 1억 2천만원 대출 받다 ··· 97
- 사단법인 초대회장, 경선하다 ·· 97
- 사단법인 한국피부미용사회 창립식 ·· 98

제3장 발전기

1. 이론적·실질적 제도의 틀을 갖추다

- 2008. 10. 5. 피부미용사 국가고시 이론시험 최초로 실시한 날 ················ 102
- 마사지는 안마행위다 ··· 103
- 2008. 9. 1. ~ 5. 청와대 앞에서 시위를 하다. ·· 104
- 산업체 무자격 피부미용사들 피부미용국가자격시험 감독위원 이렇게 만들어지다 ······ 104
- 대한의사협회의 헌법소원청구에 맞대응 하다 ··· 105
- 피부미용이론, 실기교본을 만들다 ··· 106
- 2007년 제39회 국제기능올림픽대회 피부미용직종 참가제안서 내다 ··············· 107

2. 실적 개선을 위해 쉼 없는 노력을 펼치다

○ 피부미용 학술연구 임상발표회를 갖다 · 108
○ 2007. 4. 5. 전문화 시행이후 끝임없이 양질의 제도화 추구 · 109
○ 2007. 5. 29. 피부미용시설기준 관련 전문가 토론회 · 109
○ 2007. 10. 11. 피부미용제도 개선위원회 회의 · 110
○ 2008. 6. 30. 공중위생관리법 시행령 업종세분화 신설 · 110

3. 업의 활동 영역을 넓혀 나가다

○ 2013. 1. 7. 국회에 미용기기제도화 입법청원서 제출하다 · 112
○ 2013. 7. 대통령께 '미용기기제도화' 청원하다 · 113
○ 2013. 9. 국회 국정감사에서 "미용기기제도화 마련" 대정부 질문 · 115
○ 2014. 3. "미용기기제도화"를 위한 보건복지부 간담회 요청 · 118

4. 세계로 뻗어가는 K-Beauty, 그 중심에 피부미용이 자리하다

○ 국제 CIDESCO 한국지부 박탈 · 119
○ 국제 CIDESCO 2005년 뉴욕 총회에서 뉴 섹션 코리아 가입인정 '조수경' · 120
○ 국제 CIDESCO 총회 대한민국 유치! 다시 꿈을 꾸다 · 120
○ 드디어 제60차 국제 CIDESCO 한국총회 및 박람회 개최 · 121
○ 국제 CIDESCO MEDAILLE D'OR상 수상 · 127
○ 피부미용인들의 확고한 권익보호 길을 가다 · 127

제4장 성장 도약기

1. 질적 고도화를 이루다

○ 피부미용 국가기술자격시험 대비 이론과 실기교본 만들다 · 132
○ 피부미용인의 노래 · 132
○ 대한민국의 피부미용에 대한 국가직무능력표준 개발 · 134
○ 피부미용 학술연구 임상발표회 · 134
○ 피부미용 학술세미나 · 140
○ 학습 모듈 개발 · 142

2. 양적 팽창을 도모하다

- 피부미용기기 'KC인증(공산품) 사용지침' 확정 시행 ········· 143
- 2007년 제39회 국제기능올림픽대회 피부미용직종 참가 제안서 내다 ········· 146
- 대한민국 뷰티산업 박람회 ········· 148
- 대한민국 국제 CIDESCO 뷰티테라피 온라인 기능경진대회 ········· 150

3. 내부결속을 다지다

- 전국 임원진 단합대회 개최 ········· 152
- 해외 뷰티 산업 시찰 및 K-피부미용산업 활성화를 위한 워크숍 ········· 153

4. 외연을 확장하다

- 협회 사회공헌 활동 성과 ········· 155
- 조수경 회장 대내외 활동 경과 ········· 156
- 업무협약 ········· 157

5. 무대를 세계로 넓히다

- 국제 CIDESCO 본부와의 원활한 업무협조 ········· 158

통계로 보는 피부미용사 ········· 172
주요 연표 ········· 174

제5장. 부록

- 조직도 ········· 194
- 역대임원 ········· 195
- 현 임원 ········· 198
- 이사 구성과 지회 ········· 199

열정과
　　감성과
　　　지성이
　　　　숨 쉬는
　　　　　고품격의
　　　　　　피부를 지키는
　　　　　　　한국피부미용사회중앙회

사단법인 한국피부미용사회중앙회 로고

피부미용인의 노래

작사 조수경
작곡 신상호

사진으로 보는 15년사

피부미용업 분리입법부터
피부미용기기제도 완성까지 한국피부미용사회중앙회

태동기 (1989 ~ 1999)

피부미용업 탄생의 움직임

피부미용관리사 자격제도를 위한 단합대회 (1999. 1. 25)

대한미용사회중앙회에서 탈퇴하겠다는 독립선언(2001. 2. 9)과 함께
전국 피부미용인들의 단체인 가칭)사단법인 한국피부미용관리사협회 설립 (2001. 2. 15)

노동부 신산업수요에 해당하는 전문 직종 선정에 있어 피부미용 반대 입장을 낸
대한미용사회중앙회 앞에서 항의성 집회 실시 (1999. 8. 23)

노동부 자격지원과 상대로 피부미용 전문자격 신설 촉구 대회
(1999. 10. 12_정부과천종합청사 앞)

조성기 (2000 ~ 2007)

피부미용 제도화로 가는 길목

피부과, 성형외과 피부미용 행위 근절 시위 (2000. 6. 7_민주당 당사 앞)

가칭)사단법인 한국피부미용 관리사협회 창립 총회
(2001. 2. 15_서울교육문화회관)

전국 피부미용사 자격제도 추진 결의대회_흥분된 피부미용인들이
집시법을 위반하고 거리로 뛰쳐나와 억을함을 호소하다 연행하는 모습
(2002. 5. 24. 정부과천종합청사 잔디마당)

피부미용 국가자격신설 촉구 시위 및 결의대회
(2002~2003 청와대, 민주당사, 한나라당사 앞)

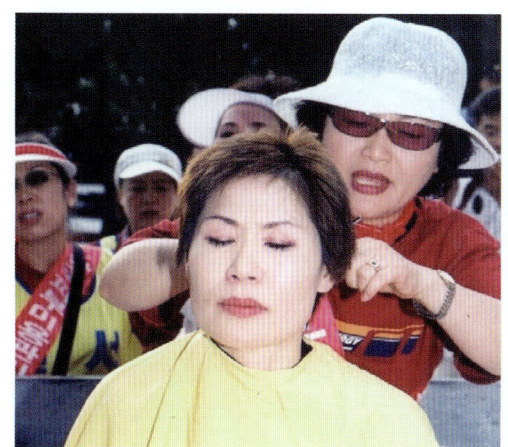

민주당사 앞 삭발시위 (2002. 7. 4)

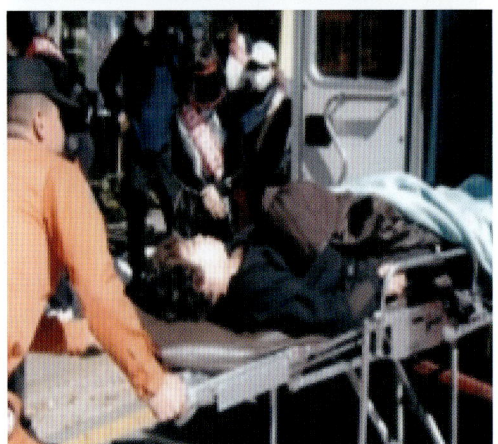

김근태 장관집 앞에서 피부미용사제도 약속 조속히 이행 요구 15일 단식 농성
(2004. 10. 11~24. 보건복지부장관집 앞)

우리의 업무를 지키기 위해 시각장애인 의사들의 자격반대를 항의하는 피부미용인의 절규
(2006. 안국동 보건복지부 앞)

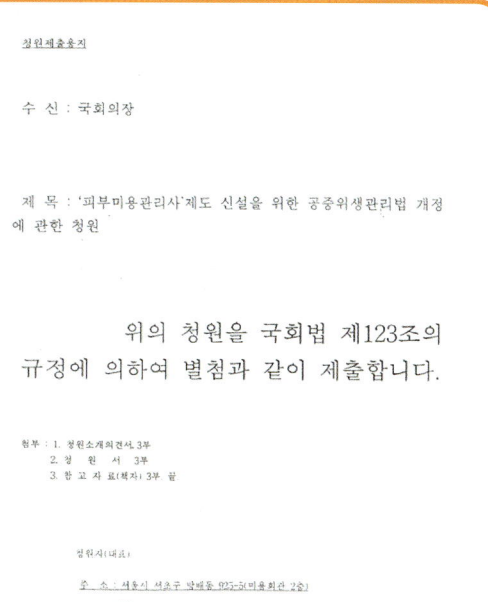

공중위생관리법 개정 청원(국회 보건복지위원회 접수, 청원인 조수경) 1999. 12. 15

피부미용제도화 입법청원서 제출(2003. 7. 15)

피부미용업 실태 세상밖으로 부각
공중위생업 발전을 위한 방향설정 공청회(2002. 2. 28.)

의료인들이 탐내는 피부미용업
의료기기 재분류 관련 공청회(2002. 4. 25)

국무총리실에 제출한 민원에 대한
보건복지부 회신 공문 (2004. 7. 26)

피부미용사종목관련 문의에 대한
노동부 회신 공문 (2005. 2. 22)

한국피부미용사회 사단법인 승인 :
보건복지부 327호, 설립자 조수경
(2007. 4. 5)

사단법인 한국피부미용사회 창립식 및
회장단 구성 (2007. 4. 18)

사단법인 한국피부미용사회중앙회 현판식(2007. 4. 3)

발전기 (2008 ~ 2015)

피부미용의 기반 마련 및 제도권 진입

최초 피부미용사 국가기술자격시험 시행 (2008. 10. 5)

최초 피부미용영업주 위생교육 단체실시 국회 통과 (2008. 3. 6)

최초 피부미용영업주 위생교육 실시 (2008.)

한국 뷰티산업 발전을 위한
2023년 뷰티산업박람회 개최

뷰티산업 비전 정책간담회
2012. 11. 27

피부미용 이론과 실기교본 완성

끝임없는 신기술 개발 및 보급
피부미용 학술연구·임상발표회

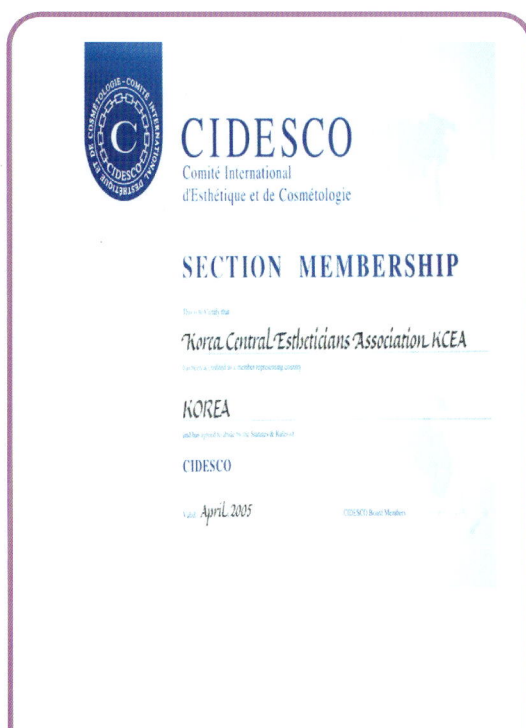

한국 '국제 시데스코' 기구 가입
2005. 4.

2011년 국제시데스코 박람회 유치확정
2007. 10. 26

제60차 CIDESCO 국제피부미용
총회 및 박람회 개최 2011. 6. 28 ~ 7. 3

성황리 국제 시데스코 한국총회 개회
(왼쪽부터 유시민 장관, 김순자 국회의원, 조수경 중앙회장, 진수희 장관)

2011년 제60차 시데스코
총회 및 박람회 포스터

국제시데스코 금상 수상 2011. 7. 3.
국제CIDESCO 키리아코스 포포치스 회장

대한민국 CIDESCO 뷰티테라피
기능경진대회 전경

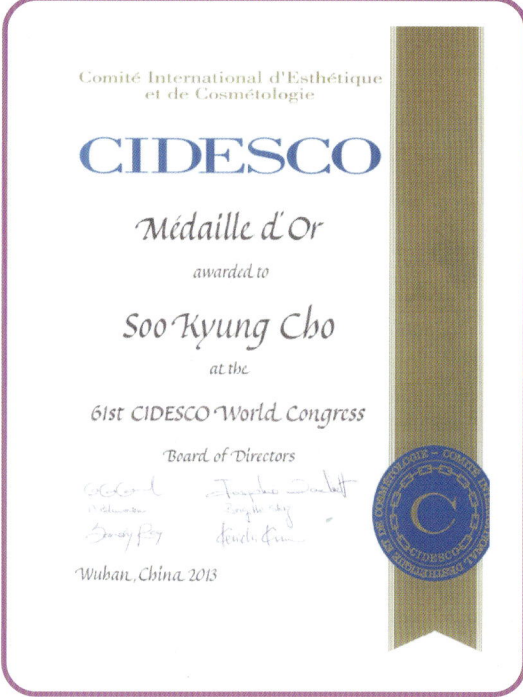
2013년 제61차 국제CIDESCO 총회
조수경 회장 금메달 수상

대한의사협회 헌법소원청구에 강력 맞대응

피부미용의 기술증진을 위한 학술세미나, 임상발표회 개최

피부미용기기제도화를
위한 꾸준한 노력

한국피부미용사회, NCS 개발 사업기관 선정

국가직무능력표준 개발에 직접 나서

피부미용 국가직무능력표준화
(NCS)개발 주관기관

성장도약기 (2016 ~ 2023)

확고부동한 피부미용인들의 권익증진의 길

공중위생관리법에 "피부미용업" 분리입법 완성 (2019.10.31)

중앙회 대회의실에서 다함께 분리입법이 국회를 통과를 지켜보며 그날 축하 (2019.10.31)

청렴韓 보건복지부

보건복지부

수신 수신자 참조
(경유)
제목 「2023 공중위생관리사업 안내(지침)」 일부개정 통보

1. 관련 : 건강정책과-1836(2023.2.27.)호

2. 「2023 공중위생관리사업 안내(지침)」 일부개정 사항을 붙임과 같이 통보하오니 업무에 참고하시기 바라며, 각 시·도에서는 관할 시·군·구에 개정사항을 안내 하여 주시기 바랍니다.

○ 개정 내용

<신설> '피부미용업소 기기 사용 관련 안내'(「2023 공중위생관리사업 안내」, 14p 하단)
- 「전기용품 및 생활용품 안전관리법」 또는 「전파법」에 따라 인증받은 제품 (KC인증) 사용
- 피부미용업 영업자에 대한 위생교육 단체는 위생교육 시 '미용기기의 안전한 사용'에 관한 교육 내용 포함

· 2024년 「공중위생관리사업 안내」 개정 시 본문에 반영하여 배포 예정

붙임 「공중위생관리사업 안내」 개정 내용 1부. 끝.

피부 미용기기의 사용 사실상 합법화, 피부미용업 숙원 이뤄

 beautycoco 2023.7.25 20:03　　　　　　　　　　　　　　　URL 복사

피부 미용기기의 사용 사실상 합법화, 피부미용업 숙원 이뤄
"KC 인증 피부 미용기기 사용" 확정·시행 = 민주당 남인순 의원 발의

보건복지부 "피부미용기기 (2023. 7.21)
KC인증(공산품)사용" 지침 확정·시행 공문, 축하행사

협회 소개

설립목적

피부미용의 국내외적 발전을 위한 국제피부미용위원회 (시데스코, CIDESCO) 의 대응기관으로서의 역할을 수행하고 피부미용인의 지위 향상과 회원 상호 간의 친목도모 및 피부미용문화 창달에 기여하기 위함

주요사업

1. 국제피부미용위원회(시데스코, CIDESCO)의 피부미용규정에 근거한 국내 규정 표준화
2. 해외유관단체 등과의 피부미용 전문 기술 협력 교류
3. 피부미용 국가기술자격시험에 관한 협조
4. 관계 관청 및 관련 단체와 연락 또는 협조
5. 회원 및 종사원의 친목과 복리증진
6. 협회지 및 기타 전문도서의 발간
7. 피부미용의 기술보급을 위한 학술세미나 학술연구 임상발표회 및 기자재박람회 개최
8. 회원의 자질 향상을 위한 기술교육 및 위생교육 실시
9. 피부미용영업과 관련 분규의 조사 및 조정
10. 피부미용 무신고 업소 색출 고발 및 단속의 협조
11. 피부미용업소의 자율지도

연 혁

1989. 1.10	대한미용사회중앙회 내 '피부미용분과위원회' 결성
1999. 12.	대한미용사회중앙회와의 '피부미용분과위원회' 결별선언
2001. 2.15	가칭) 사단법인 한국피부미용관리사협회 발기인대회
2002. 2.28	한국보건사회연구원 '피부미용자격 신설에 대한 연구결과 공청회' 피부미용전문자격 분리 타당 결론
2002. 5.24	
2003. 7.15	'전국 피부미용사자격제도 추진' 촉구 결의대회 (정부과천종합청사 앞 잔디마당)
2004.10.14	'피부관리사제도' 신설을 위한 공중위생관리법 개정 청원서 국회 제출(청원인 : 조수경)
2005. 2.18	보건복지부 장관 집 앞 '단식노숙' 10일간 집회
2006. 6.28	보건복지부 '피부미용사자격 신설' 노동부 요청 공문 발송
2006.12.29	보건복지부 '공중위생관리법 시행규칙 일부 (일반미용과 피부미용 분리하는 내용)개정안' 입법예고 고용노동부 '국가기술자격법 시행규칙 일부 (피부미용사자격 신설 내용)개정안' 입법예고
2007. 1. 4	가칭)'사단법인 한국피부미용사회' 창립총회 개최 사단법인 한국피부미용사회 설립 허가 (대표이사 조수경, 보건복지부 제327호)
2007. 4. 5	보건복지부 '공중위생관리법 시행규칙 일부 (피부미용업-일반미용업 분리)개정안' 공포·시행
2007. 4.18	사단법인 한국피부미용사회 창립식(63빌딩 국제회의장)
2007. 7. 9	노동부 '국가기술자격법 시행규칙 일부(미용사(피부)국가기술자격 신설)개정안' 공포·시행

2007. 9. 18	(사)한국피부미용사회 주관 '피부미용 실기교본' 제작·출판
2007. 11. 22	(사)한국피부미용사회중앙회(회장 조수경) 청원요청 '피부미용업 분리, 단체 위생교육실시 등의 공중위생관리법 일부개정안' 국회(장복심 국회의원 대표발의)
2008. 6. 19	(사)한국피부미용사회, 대한의사협회 헌법소원 청구한 '공중위생관리법 제8조제1항 위헌' 건 대응
2008. 6. 26	보건복지부 '공중위생관리법 시행령 일부(제4조 피부미용업, 일반미용업, 종합미용업 등 업종 세분화)' 개정안 공포·확정
2008. 6. 30	(사)한국피부미용사회 사무실(동작구 사당동→ 마포구 구수동) 이전 및 개소식
2008. 7. 15	제57차 국제 CIDESCO 독일 세계총회에서 「2011년 국제 CIDESCO 한국총회 유치」 최종 확정
2008. 10. 5	한국산업인력공단 '제1회 피부미용사 국가기술자격시험 (2008년 기능사 5회)' 실시
2008. 11. 14	(사)한국피부미용사회 최초 '제1회 피부미용업주 위생교육' 실시
2011. 6. 28	제60차 국제 CIDESCO 한국세계총회 및 박람회 개최 참가 : COEX컨벤션센터, 33개 국가 후원 : 보건복지부, 고용노동부, 한국산업인력공단, 서울시, 한국관광공사, 서울관광마케팅
2012. 12. 11	보건복지부 '공중위생관리법 시행규칙 일부 (피부미용업소 시설설비기준 개선)' 개정안 공포
2013. 1. 7	(사)한국피부미용사회(회장 조수경) '공중위생관리법 일부 (피부미용업 정의, 기기근거 마련 등) 개정안' 입법 청원
2014. 6.	고용노동부 시행 '피부미용 국가직무능력표준(NCS) 개발 연구용역' 계약, 주관 연구수행·개발

- 2015. 1. 21   한국산업인력공단 시행 '피부미용 NCS기반 신 자격 설계사업 연구용역' 계약, 주관 연구수행·개발

- 2015. 5. 13   한국직업능력개발원 시행 '피부미용 NCS 학습모듈개발사업 연구용역' 계약, 주관 연구수행·개발

- 2015. 12. 18   한국직업능력심사평가원 시행 '피부미용분야 NCS기반자격문제원형 개발 연구용역' 계약, 주관 연구수행·개발

- 2016. 6. 24   한국산업인력공단 시행 '국가기술자격 및 NCS기반자격 비교연계사업 연구용역' 계약체결·주관 연구수행·개발

- 2017. 2. 21   (사)한국피부미용사회중앙회 요청, 남인순 국회의원 대표발의 '공중위생관리법 일부(피부미용업 분리정의)개정안'

- 2017. 6. 21   한국산업인력공단 시행 '피부미용 국가직무능력표준(NCS) 및 활용패키지개선사업 연구용역' 계약, 주관 연구수행·개발

- 2018. 10. 20   (사)한국피부미용사회중앙회 '피부미용교육위원회' 발족

- 2019. 3. 27   국회 보건복지위원회 제364회 법안심사소위원회 '공중위생관리법 일부(피부미용업 분리정의)개정안' 심의·통과

- 2019. 5. 13   한국직업능력개발원 시행 'NCS 피부미용분야 학습모듈개발사업 연구용역' 계약, 주관 연구수행·개발

- 2019. 7. 17   국회 제369회 보건복지위원회 '공중위생관리법 일부(피부미용업 분리정의)개정안' 의결·통과

- 2019. 10. 24   국회 제371회 법제사법위원회 '공중위생관리법 일부(피부미용업 분리정의)개정안' 의결·통과(찬성 164, 기권 5)

- 2019. 10. 31   (사)한국피부미용사회중앙회 청원, 제371회 국회 본회의 '공중위생관리법 일부(피부미용-일반미용 등 분리정의) 개정법률(안)' 가결·통과

- 2022. 5. 17   한국직업능력개발원 시행 'NCS 피부미용분야 학습모듈개발사업 연구용역' 계약, 주관 연구수행·개발
- 2023. 6. 20   보건복지부 지침 '피부미용기기 KC인증(공산품)사용' 확정 전국 17개 시·도 시행
- 2023. 6. 22   (사)한국피부미용사회중앙회 강동·송파구지회 설립인가

제1장. 태동기

1. 외롭고 힘든 투쟁의 시작
2. 끝이 보이지 않은 내일
3. 만만치 않은 세상

1. 외롭고 힘든 투쟁의 시작

○ 2007. 4. 5. 이전 대한민국의 미용업 형태

미용업은 미용면허 하나면 헤어미용·피부미용·네일미용·메이크업미용을 다 할 수 있는 종합 면허로 영업허가가 되었다.

대한미용사회중앙회는 1989년 1월 산업체에서 피부미용영업을 하는 사람이 많아지면서 미용사회중앙회 내에 피부미용분과를 설치하였다.

「피부미용분과위원회」는 위원장 1명, 총무 1명을 운영위원으로 위촉하여 출범하였고, 위원회는 1년 또는 2년에 한 번씩 선거를 통해 위원장을 선출하였다.

대한미용사회중앙회는 피부미용분과위원회를 처음 설치하면서 산업체에 피부미용만 하는 산업인 수가 많아지면 전문화로 분리시켜준다는 약속이 있었다. 피부미용인들은 그 약속을 믿고 피부미용분과위원회 설치를 받아 들였으나 그 약속은 산업체 종사 인원수가 5만이 넘어서도 지켜지지 않았다.

○ 피부미용 변화에 큰 분기점 예고
1999. 6. 조수경 회장, 피부미용분과 위원장에 당선

조수경 회장, 1999. 6. 3. 피부미용분과위원회 제11대 위원장에 선출되었다.

조 회장은 당선 소감으로 "피부미용분과위원장으로 당선된 이상 최선을 다하여 미용면허이면 모든 것을 할 수 있는 불합리한 법을 고쳐 피부미용전문제도화를 위해 노력해 보겠다."고 말했다.

조수경 회장은 그날의 심경을 다음과 같이 회고하였다.

"나는 무엇보다도 피부미용 일이 흥미 있고 즐거웠던 만큼 내 삶의 한 부분이기도 하지만 피부미용인을 위한 일이라 생각하였기에 대한미용사회중앙회 피부미용분과위원회에 가입하여 활동하고 있었다"며 "1999년 당시 잘못된 피부미용제도에 대하여 국가가 방치하고 피부미용인들을 위한 협회인 대한미용사회중앙회도 피부미용업을 하려는 사람들을 위한 배려가 없어 불만이었지만 내가 할 수 있는 일은 없었다"고 말했다.

조 회장은 또 "시작하면 끝을 보는 성향을 가진 내가 위원장이 되면 결국 마찰과 충돌이 발생할 것이라 생각하여 두려움이 있었기에 위원장 후보자로 나서려 하지 않았으나, 역대 위원장이었던 한 분이 조수경은 할 수 있어 하며 후보 의사를 밝히라고 하여 선거에 나가게 되었다"고 덧붙였다.

조 회장은 당시 심정을 이렇게 술회했다. "물론 여러 후보들도 각자의 생각을 담아 공약함으로써 어느 공약이 정당한가를 선택하는 과정이 선거다. 하지만 실제로 선거에 뛰어들어 보니 양상이 달랐고 없었던 일도 만드는 것이 선거판이란 것을 알았다"

1999년 6월 3일은 격동의 변곡점에 씨앗을 심은 날로 어떤 고난과 역경의 먹구름이 존재하고 있는지 모르는 채 대한미용사회중앙회 피부미용분과위원회 11대 위원장 조수경 집행부가 출범했다. 그날 부터 피부미용전문화 개선이란 무거운 짐을 짊어지고 피부미용분과위원회는 새로운 고난의 길로 접어들었다.

그리고 조수경 피부미용분과위원장 취임식 날 "나를 믿고 표를 던져 준 임원진들에게 고맙다는 인사말과 함께 내가 마땅히 지키고 행하여야 할 것은 반드시 행할 것이며, 자리만 지키고 임기만 채워 명예만 얻는 위원장이 되지 않고 피부미용들의 권익과 권리를 지켜내는 위원장이 될 것"이라고 밝혔다.

훗날, "취임식 그날이 나와 피부미용인들에게 새로운 바람이 불고 개인 조수경의 삶을 흔들어 놓아 운명에 큰 변화를 불러 올 줄 몰랐다"고 회상했다.

○ 피부미용사 전문제도 출발점

피부미용업을 개설하기 위해서는 본인의 개성과 맞지 않은 헤어미용사자격을 취득해야 했고 이는 시간과 돈의 낭비이다.

현장실무와 상관없는 자격증은 그저 영업신고하기 위한 것으로 불필요하다는 지적이 많았다. 이러한 잘못된 제도의 문제점을 개선해 줄 것을 대한미용사회중앙회, 정부(보건복지부)에 수없이 요구하였음에도 결국은 묵살되었다.

조 회장은 행정기관, 입법기관, 노동부를 드나들면서 피부미용전문화를 이해시키고 설득하는 일에 몸을 아끼지 않았다.

그러한 과정에서 모 국회의원이 국회에 청원을 해보는 것이 좋을 것 같다고 조언을 해주어 최초로 개인 조수경 이름으로 피부미용전문제도화를 내용으로 하는 공중위생관리법 개정안을 입법청원 하였다.

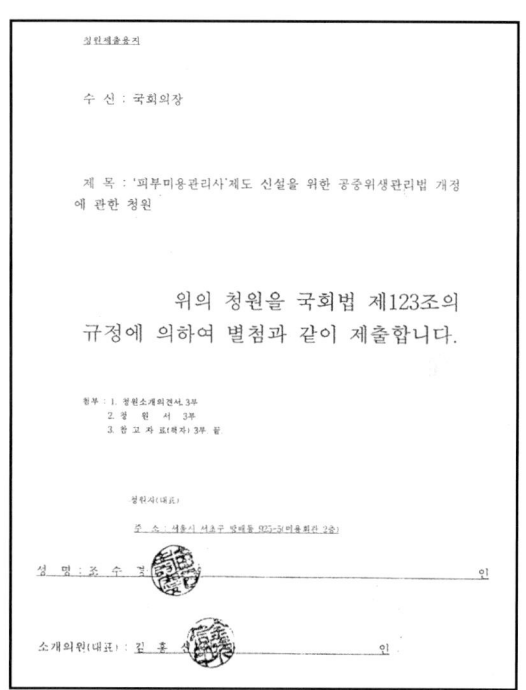

공중위생관리법 개정 청원서
(1999. 12. 14, 청원인 조수경)

○ 피부미용전문화 요구 최초 항의성 집회

1999년 8월 12일 전국 피부미용인 300여 명이 대한미용사회중앙회 건물(방배동) 앞에 모였다. 피부미용전문제도 결의대회라는 플래카드를 들고 최초 시위에 돌입하였다. 방배경찰서에 집회신고를 하였다. 정보과담당 형사들은 집회주변을 의무경찰대까지 동원해 배수진을 치고 있어 긴장감이 돌았다.

조수경 회장은 제11대 위원장으로 당선되고 2개월이 지났을 무렵 노동부(자격지원과)를 방문하였다. "늘 그랬듯이 보건복지부와 대한미용사회중앙회와 협의하고 오라는 이야기를 하겠지" 하고 방문했는데 뜻밖에도 "우리 부처는 피부미용전문자격을 만들려고 대한미용사회중앙회에 공문을 보냈는데 반대라는 회신을 받았다"고 고용노동부 관계자는 말했다.

그 자리에서 관계자는 "신산업 수요에 해당되는 종목 17개 종목 중 피부미용도 포함해서 새로운 직종을 만들려고 했는데 반대라는 공문을 받아서 신 자격종목에서 뺐다"고 설명했다. 조 회장과 임원들은 경악을 금치 못했다.

그렇게도 설득하고 애원하고 요구했건만···. 정부에서 자격을 만들겠다는데 반대라니. 더구나 피부미용분과위원회가 엄연히 있는데 당사자에게는 일언반구 의견도 묻지 않고 공문을 보냈다니 어이 상실이었다.

노동부를 나와 바로 오후 7시쯤 15명의 임원과 함께 대한미용사회중앙회 회장실로 찾아가 회장면담을 요청하고 강하게 항의하며 회장실 점거 농성에 들어갔다.
고함이 오고가는 전쟁터의 모습이었다.

조수경 회장 등 임원들은 그날 저녁 바로 항의성 집회를 소집하였다. 300여 명이 모여 첫 결의대회 및 항의성 집회가 시작되었다.

대한미용사외중앙회에서 탈퇴하겠다는 독립선언(2001. 2. 9)과 함께
전국 피부미용인들의 단체인 가칭)사단법인 한국피부미용관리사협회 설립(2001. 2. 15)

○ 피부미용인들의 도전 시작과 끝없는 집회시위

 정부에서는 당연히 국민들의 애로사항을 해결해주어야 하고 다수의 국민이 원하는 정책이고 방향이라면 법과 제도를 개선하여 국민의 고충을 덜어 주어야 한다.

 그러나 피부미용영업을 하기 위해서 피부미용직무와 관계없는 헤어미용직무 공부를 하고 미용사(헤어) 자격을 취득하여야 피부미용업을 개설할 수 있는 불합리한 제도가 운영되고 있었다. 또한 양질의 서비스를 받아야할 국민들이 질 낮은 서비스를 받을 뿐만 아니라 전문 직업인으로 자부심을 찾고 싶다는 소박한 피부미용인들의 요구사항을 정부와 입법부가 외면하고 있었다.

 특히, 당시 제도로는 아무리 장기간 피부미용업을 운영하였거나 근무했다하더라도 피부미용사로 경력을 인정받거나 독립적 직업으로 인정받을 수 없었다. 또한 독립된 피부미용업종으로 인정해 달라는 현실적이고 합리적인 피부미용인들의 요구일 뿐만 아니라 국민의 편익 측면에서도 냉정하고 정당한 판단 하에 합법적인 제도와 법을 만들어 달라는 요구를 정부와 입법부인 국회가 수용하지 않고 서로 미루었다.

 따라서 전국 피부미용영업자들의 합리적이고 정당한 요구사항을 거대한 벽 같은 정부를 상대로 관철시키기에는 약자가 할 수 있는 수단이 별로 없었고 오직 집단으로 한 목소리를 내는 수밖에 없었다. 그러다 보니 폭염이 내리쬐는 한 여름날에도 장마를 피할 수 없는 길거리 등 열악한 집회 장소에 모여 시위를 할 수밖에 없었다.

 이에 피부미용인들은 정당한 직업군으로 인정받고 싶어서 전국 각 지에서 1,000명, 2,000명, 많게는 3,000명까지도 모여 보도 블럭 위에 신문지를 깔고 밤을 지새우거나 때로는 천막을 치고 단식농성을 하거나 그때그때 상황에 따라 가리지 않고 배고픔을 참는 고충과 어려움을 이겨내고 15회 이상의 집회시위를 하였다.

우리의 업무를 지키기 위해 시각장애인 의사들의 자격반대를
항의하는 피부미용인의 절규(2006. 안국동 보건복지부 앞)

2. 끝이 보이지 않는 내일

○ 대한미용사회중앙회장 수십 번 설득,
더 큰 회장님 되십시오. 저 같은 사람 활용하십시오

조수경 회장은 피부미용분과위원회 위원장으로서 이후 여러 번 대한미용사회중앙회 회장을 면담하고 "현재 대한미용사회중앙회가 헤어미용인들만 가입된 작은 단체이니 피부미용업, 메이크업 등을 전문화하여 더 큰 단체가 되어줄 것을 요청하였고, 만약에 분리가 된다면 미용발전을 위하여 전력을 다하여 돕겠다"고 설득하였다.

또한 "지금 국가자격시험에 헤어미용 문제만 출제되고 있는 것을 헤어미용과 피부미용 각각 50%씩으로 조정해 주고, 실기시험은 헤어미용과 피부미용 각각 분야별로 시험을 실시하여 분야별 자격화하면 아주 큰 협회가 될 수 있다"고 이해 설득시키기 위해 노력하였다.

노동부 대상 피부미용종목 신설포함 촉구 집회
(정부과천종합청사, 1999.10.12.)

조 회장은 피부미용분과위원회 위원장으로서 모든 역량을 총동원해 대한미용사회중앙회를 설득하였다. 그러나 이미 피부미용분과위원회 소속 회원들의 소망이 무엇이란 것을 너무 잘 알고 있는 대한미용사회중앙회가 피부미용분과위원회와 단 한마디 의견을 묻거나 상의하지 않은 채 정부에 반대 의견을 보낸 것은 회복하기 어려운 상황이 되었음을 의미하는 것으로 이제는 피부미용인들 스스로 상황을 정면 돌파하는 길밖에 없었다.

○ 피부미용분과위원회 위원장, 깊은 고뇌에 빠지다

조수경 회장은 대한미용사회중앙회의 여러 분과위원회 가운데 하나인 피부미용분과위원장에 불과하지만 분명한 것은 전국 피부미용인을 대표하는 위원장이자 피부미용업을 하는 사람이었기에 매우 큰 고뇌에 빠졌다. 피부미용업을 하고 있는 사람들을 위하여 피부미용사 자격화를 위해 노력해야 하였으며 피부미용인들을 위한 위원회가 되어야한다는 굳은 신념을 가지고 있었다.

이러한 상황에서 너무나 힘이 없는 피부미용분과위원회와 피부미용인들의 소망을 저버리고 헤어미용인들의 권익만 보호하고 있는 대한미용사회중앙회의 행위에 대하여 분노할 수밖에 없었다.

당시 우리나라는 1998년 닥친 IMF금융위기로 사회 전반적인 구조조정이 진행됨으로써 일자리를 잃는 되는 등 심각한 위기를 맞게 되었다. 이러한 상황에서 일자리 창출을 위한 정책이 절실했던 노동부가 신산업을 창출하고자 피부미용 등이 포함된 18개 자격종목을 선정하였다.

그런데 대한미용사회중앙회는 피부미용인들의 건의에 의해 산업수요가 많아지면 전문시험을 실시하겠으니 걱정하지 말라고 약속해 놓고서도 막상 노동부에서 자격신설에 대해 의견을 조회했을 때 다른 기관에서 피부미용종목 자격 신설을 90% 찬성한 것과는 달리 신설반대 의견을 제출하였다. 또한 대한미용사회중앙회 회장과 기존선배 미용인들의 답변도 종합면허면 모든 미용업이 가능해 굳이 전문화가 필요하지 않다는 주장으로 피부미용인들의 전문화 주장과는 정면으로 배치되었다.

결국은 대한미용사회중앙회의 한 일원으로 소속되어 있지만 피부미용인과 헤어미용인이 서로 다른 세계를 바라보고 있어 피부미용인과 헤어미용인의 시각차는 좁혀지지 않았다. 그러다 보니 상황은 점점 악화되고 간격의 골은 더욱 깊어져 해결할 수 있는 실마리를 찾을 수 없어 피부미용인들 스스로가 대동단결하여 쟁취할 수밖에 없다는 결론에 이르게 되었다.

○ 두 번째 '피부미용자격제도 신설 촉구' 집회시위

두 번째 집회는 1999년 9월 14일 여의도 새정치국민회의 당사 앞이었다. 그날 집회는 전국 회원들이 함께 모여 강력한 의지가 담긴 수십 개의 피켓을 만들고, 북과 꽹과리, 앰프시설 등 시위 장비를 마련하였다. 준비과정은 서툴기 짝이 없었지만 국회를 상대로 직접 호소하기로 하고, 장소도 국회의원들이 직접 들을 수 있는 여의도에 위치한 새정치국민회의 당사 앞으로 정했다.

이렇게 준비한 두 번째 집회시위는 전국 각지에서 2,000여 명의 피부미용인들이 참석한 가운데 "피부미용자격종목 신설"을 외쳤고 영등포경찰서 형사과 담당에게 밉보이지 않도록 집시법과 질서를 지켜가면서 북과 꽹과리를 두드리며 확성기로 "피부미용자격종목 신설"을 외쳤다.

집회시위 결과는 보건복지부에서 당에 파견 나온 전문위원과 1시간여 면담이 이루어졌고 피부미용인들의 주장에 대해 비교적 긍정적으로 의견을 정부에 전달하겠다는 답변을 들었다. 회원 수가 많은 큰 단체를 상대로 하는 싸움이라서 많은 어려움을 절감하였으나 전국 회원들이 온종일 뜨거운 햇살아래서 강렬하게 외친 결과로 피부미용인들의 입장을 충분히 전달하게 된 것에 만족해야 했다.

○ 세 번째 '노동부(자격지원과)를 대상으로 피부미용종목 신설 포함 촉구' 집회시위

피부미용자격이 신산업 종목에서 제외되었다는 사실을 알게 된 피부미용인들은 1999년 10월 12일 정부과천종합청사 잔디마당에 모여 '신산업수요에 해당하는 새로운 종목에 피부미용자격 종목을 포함시켜 달라'는 집회시위를 하였다.

집회 중 충돌사고를 우려한 경찰차가 과천청사 앞 잔디마당을 에워싸고 있었다.

현장에서 노동부 담당 과장과의 면담이 이루어졌고 담당 과장이 한국산업인력공단에 전화를 걸어 신설종목에 피부미용종목을 포함시키도록 하라는 내용을 확인하고 면담을 마쳤다. 면담결과가 소기의 목적을 이룬 셈이어서 다행이긴 하였으나, 매번 이렇게 시위를 하고 담판을 짓듯이 해야 하다니 참으로 힘들었다.

노동부 대상 피부미용종목 신설포함 촉구 집회
(정부과천종합청사, 1999.10.12.)

○ 조수경 위원장, 대통령 표창 사양하다

피부미용인들은 대한미용사회중앙회 건물 앞, 정부과천종합청사 잔디마당, 국회, 새정치국민회의 당사 앞에서 피부미용제도화 요구 집회를 연일 열었다.

미용업계를 뒤흔들고 있었으니 관련된 언론사들이 조수경 위원장과 집회활동에 초점을 맞추면서 보도기사가 지면을 시끄럽게 했다.

그즈음 대한미용사회중앙회 이사회에서 피부미용분과위원장 조수경을 8월 15일 광복절 기념행사의 표창 대상자로 추천하였다.

그러나 조 회장은 사양했다. "위원장이 된지도 얼마 안 되었으니 역대 선배 위원장에게 양보하겠다"고 하였다. 이에 이사 30명 전원이 삿대질을 하면서 "회장님께서 주신다면 받을 것이지! 누구에게 양보한다고요"라며 야단들이었다.

그러나 조 회장은 끝까지 받지 않겠다며 고사했다. 혹시 표창이 떠들어대는 집회를 중지하라는 뜻인가! 절대 어느 것과도 바꿀 수 없는 피부미용전문제도였다.

3. 만만치 않은 세상

○ 반대하는 단체가 많아서 만만치 않은 세상

피부미용인들의 염원인 '피부미용 전문화'가 이루어질 경우 기득권을 빼앗기지 않을까 염려하는 대한미용사회중앙회, 그리고 대한민국에서 명예와 집단적 권력이 가장 센 의사단체 등 반대하는 단체와 싸워야 하는 매우 어려운 상황이었다.

보건복지부 또한 "현행법에 규정하고 있는 범주 안에서만 집행할 수밖에 없다"며 "대한미용사회중앙회와 타협하고 오라"고 틀에 박힌 답변만 반복함에 따라 뜻을 이루기엔 너무 어려움이 많아 피부미용인들은 다시 거리로 나설 수밖에 없었다.

하지만 조수경 회장은 집회 때마다 몇 명이나 참석할까, 날씨는 좋을까, 등등 현실적인 걱정과 아침저녁 수시로 마음이 흔들리는 상황적 고민이 많았지만 피부미용인들을 대변해 줄 누군가가 있어 피부미용인들의 호소문을 낭독해 줄 수 있는 상황이 아니었기에 더욱 힘들었다.

그러나 피부미용인들이 힘을 합쳐 여기까지 온 것이 억울해 멈추고 내려놓을 수도 없었기에 아무리 힘들고 어려운 난관이 기다리고 있더라도 끝까지 이루어내려면 피부미용인들이 마음을 가다듬고 집중하여야 했다.

국가자격신설 촉구 시위 및 결의대회(2002. 7. 4, 민주당, 한나라당 사 앞)

○ 조수경 회장, 분과위원장으로서 대한미용사회중앙회 이사회에 참석, 정면으로 맞서

1999년 6월 3일 피부미용분과위원회 조수경 위원장은 대한미용사회중앙회 이사로 임명받아 처음으로 이사회에 참석하였다. 그러나 좌석 배치는 어김없이 회의장 맨 끝자리였다.

이사회는 헤어미용인 28명, 피부미용인 1명 등 총 29명으로 구성되었고, 회의는 연 3회 내지 4회 정도 개최되었는데 조 회장은 피부미용분과위원장으로서 피부미용인들을 대표해 한 번도 빠지지 않고 이사회에 참석하였다.

이사회에서는 역시 예측했던 것처럼 회의를 진행하는 과정에서 피부미용 전문화 요구에 대한 말을 꺼내려하면 28명의 이사들 모두가 의자에서 벌떡 일어나 피부미용분과위원장을 가르키면서 "뻔뻔스런 저 여자 내보내라, 우리 미용인들에게 큰 오점을 남기는 악당이다. 피부미용분과위원회를 내쫓아 버리자"라며 거세게 다그치고 삿대질하며 이구동성으로 공격했다.

조 회장은 "대한미용사회중앙회 이사회가 있을 때 마다 어김없이 우황청심환으로 마음을 진정시켰고, 피부미용전문제도화는 결코 안 된다고 하는 정부, 국회, 대한미용사회중앙회 등 앞에서 수차례 집회하면서 그 어렵고 힘든 시간을 견딜 수 있었다"고 회고 하였다.

○ 반대하는 단체가 많아서 만만치 않은 세상

아집과 불통으로 단단하게 무장된 대한미용사회중앙회 회장과 임원진 모두 피부미용전문제도화는 본인들의 밥그릇이라는 주장이 강하기 때문에 더 이상 그곳에서 분과위원회로 있어야할 하등의 이유가 없었다. 희망과 기대가 0%였다.

전국 피부미용 임원들을 소집했다.
당시 조수경 위원장과 임원진들은 이곳에서 더 이상 머물러 있을 필요가 없다고 생각했다. 노동부가 신설하겠다는 피부미용자격종목도 대한미용사회중앙회에서 반대한다는 공문을 보냈으니 피부미용인들의 입지는 피부미용인 스스로 만들어야 할 수밖에 없었다.

피부미용 임원 모두가 "위원장님의 뜻이 정 그러하시다면 탈퇴 하십시오"라고 하며 힘을 모아주었다. 피부미용분과위원장으로서 만약 피부미용전문화를 해주지 않으면 탈퇴 하겠다고 공문으로 통보했다. 대한미용사회중앙회는 나갈 테면 나가라는 방관적인 입장을 표명했다.

우리는 결심했다.
13년 간의 대한미용사회중앙회 피부미용분과위원회 생활을 접기로.

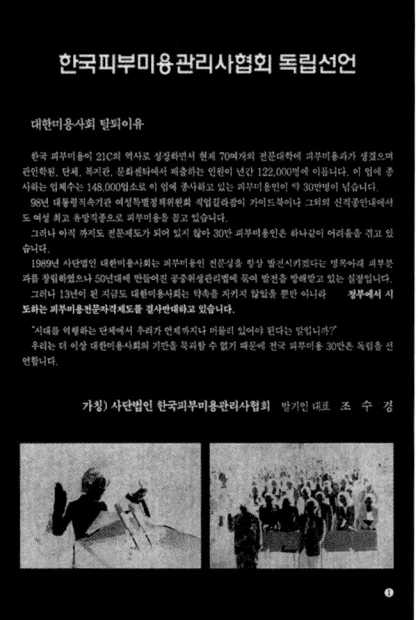

한국피부미용관리사협회 독립선언문
(2001. 2. 9)

○ 미용면허 하나면 뭐든지 다 할 수 있다며 변하지 않은 헤어미용인들

명동에 있는 대한미용사회중앙회 회장 미용실을 여러 차례 방문하여 "국가기술자격 시험문제를 헤어미용 50%, 피부미용 50%로 출제하고 실기는 헤어미용과 피부미용을 시험을 분리 실시하여 더 큰 대한미용사회중앙회가 되십시오" 라고 강하게 설득했다.

그러나 대한미용사중앙회 회장은 "또 이런 이야기하려고 왔느냐"며 "아무리 보건복지부와 국회를 찾아가 난리를 쳐도 소용없는 일이니 조수경 위원장은 유난스럽게 하지 말라"며 면박을 주었다. 더 이상은 설득할 필요가 없다는 것을 깨달았다.

한편에서는 조회장이 피부미용전문화는 핑계이고 회장을 하고 싶은 허황된 꿈 때문에 저러고 다닌다고 비난하는 소리가 여기저기서 들렸다. "중상모략과 험담을 듣고 죽고 싶을 만큼 힘들고 모든 것을 내려놓고 싶었다"고 조 회장은 당시를 회고했다.

○ 피부미용전문화 외치고 나온 분과위원장 자리에 이중적 태도의 미용교수가 임명받아

피부미용인들은 권익과 권리보호를 위하여 피부미용전문화를 하겠다고 대한미용사회중앙회 피부미용분과위원회로 활동한 13년 간의 활동을 과감히 마감하고 삼륜차에 집기류를 싣고 방배동 대한미용사회중앙회를 떠났다. 그러나 피부미용전문화를 외치면서 박차고 나온 피부미용분과위원회 위원장 자리에 대학에서 피부미용을 지도하는 교수가 임명받고 갔다.

이 교수는 그동안 정부나 한국산업인력공단 등에서 피부미용제도화 관련 정책회의나 공개토론 등에 참석하여 이중적 태도를 보여 왔었다. 피부미용관련 대학의 일부 교수들이 협회(조수경 회장)가 추진하는 피부미용제도화는 시기상조이니 신중하게 생각해야 한다며 방해 하였고 회의장을 나오면 피부미용전문화를 적극 찬성한다며 거짓된 태도를 보였다.

이 같은 이중적 태도를 갖고 있는 피부미용관련 교수들이 아직도 대학에 재직하면서 활동하고 있는 것이 오늘의 기막힌 현실이다.

파워 인터뷰

찬란한 역사를 말하다

피부미용 백서, 조수경 회장님의 눈물의 역사

한국피부미용사회중앙회 부회장 **이계영**

15년 역사는 조수경 회장님의 눈물의 역사입니다.

15년 역사의 기록물 하지만 피부미용 백서는 조수경회장님 주인공에 의해 모든 것이 탄생되고 역사를 이루어습니다.

피부미용 백서를 출판을 한다는 사실이 가슴 벅찬 감동입니다.

피부미용이라는 이름을 탄생시켜 주신 분 또 그 역사를 만들어 주신 분 조수경 회장님. 흔히들 쉽게 말하는 역사.

작은 것 하나하나가 모여 완성된 우리 피부미용의 제도와 전문자격은 어떤 것 하나도 조수경 회장님의 고단함과 힘겨운 노력의 댓가 없이 만들어지지 않았기에 '피부미용자격 이렇게 만들었다' 는 자서전을 보면서도 얼마나 눈시울을 적셨는지 모릅니다.
피부미용의 정체성이 무엇인지 질문하면 회장님의 자서전을 건네준다.

우리 피부미용인 뿐 아니라 다른 산업에 종사하는 분들에게 우리는 항상 자신감 있게 자랑스럽게 소개한다.

우리나라 여성일자리 산업을 만들었으며 법과 제도안에서 반듯하게 여성의 전문 일자리 터전을 만들어 주신 분 우리 조수경 회장님.

세월이 갈수록 멈추지 않고 피부미용업의 독립과 오랜 염원이자 숙원 사업이었던 피부미용기기사업지침을 확정시켜 이루어 내셨으며 지속적인 업무확대와 권익 보호를 위해 애써 주신데 대해 항상 감사드리며, '한국피부미용사회중앙회 15년사' 백서를 통해 피부미용의 사실적인 역사를 알아가기 바랍니다.

제2장. 조성기

업의 독립 : 피부미용업 제도화

1. 제도화를 위한 빠른 길, 국회를 찾다
2. 국회에 2차 청원서를 내다
3. 아직도 꽉 닫힌 정부의 문
4. 드디어 정부가 움직이기 시작했다
5. 피부미용업 탄생하다

조직의 독립 : 한국피부미용사회 탄생

1. 대한미용사회를 떠나다
2. 한국피부미용사회 탄생하다

업의 독립 : 피부미용업 제도화

1. 제도화를 위한 빠른 길, 국회를 찾다

○ 피부미용제도화 1차 길라잡이 (잊을 수 없는 분)

미용(헤어)사 자격증을 취득해야만 피부미용업 영업할 수 있기에 실무와 관련이 없는 미용사 자격 취득을 해야만 했다. 이러한 상황으로 소요되는 비용과 시간적 낭비를 감당해야 하는 문제점이 심각해지고 있었다.

수십 번 대한미용사회중앙회에 설명하고 전문화를 인정해 줄 것을 요구하였으나 묵살 당했다. 주무부처인 보건복지부에 찾아가 전문성에 대한 이야기를 수십 번해도 대한미용사회중앙회와 타협하고 오라는 말만 되풀이했다.

"목마른 사람이 우물을 판다"라는 속담처럼 본격적으로 피부미용인들 스스로 나서서 해결할 수밖에 없다는 판단에 이르렀다.

이에 따라 입법부인 국회를 통해 문제를 해결할 수밖에 없다고 판단한 협회 지도부는 여러 경로를 통하여 국회 보건복지위원회 소속 의원을 찾아갔다.

하지만 국회의원들은 쉽게 만날 수가 없어 큰 기대를 하지 않고 방문했으나 언론을 통해 뵙던 평소 모습 그대로 무뚝뚝한 표정으로 "뭐 때문에 오셨지요. 말씀해 보세요" 그렇지만 쉽게 찾아오는 기회가 아니기에 지도부는 우리 피부미용인들이 겪고 있는 현황과 문제점을 조목조목 설명했고 경청하신 국회의원께서는 고개를 끄덕이고 "그건 꼭 필요하네요. 제가 외국에 가서 봐도 피부미용실이 간판을 달고 영업하는 것을 많이 봤어요" 하시며 전문화의 필요성을 인정하고 산업의 미래성을 말씀해 주시니 피부미용인들의 앞날에 서광이 비치기 시작했다.

더불어 "외국에 나가보면 관광객을 유치하는 데도 큰 몫을 하는 것을 봤습니다. 그런데 누가 그렇게 반대합니까" 오히려 반문하셨고 이에 대해 "현재 보건복지부 장관이 적극 반대하고 있습니다"라고 있는 사실을 말하였다.

국회의원께서 보건복지부 장관과 전화 통화를 통해 피부미용이 세계적 추세로 피부미용제도화의 필요성에 대해 말씀하시고 장관께서 제도화를 검토해주실 것을 요청하시면서 국회 보건복지위원회 위원으로서 피부미용제도화에 노력할 것이라고 격려해 주셨다.

조 회장은 당시의 상황을 "지도부의 한 사람이자 피부미용인으로서 감사하고 고맙다는 표현으로는 부족하여 큰절이라도 하고 싶은 심정으로 의원회관 복도 휴게실에서 한참 눈물을 흘렸다"고 술회하고 있다.

특히, 국회 보건복지위원회 소속 의원을 방문하여 피부미용제도화의 필요성을 설명하고 요청하였지만 다수의 의원들이 의원 지역구에 많은 회원을 둔 단체의 눈치를 보며 우리의 요청에 응하고 있지 않은 상황에서 지쳐있는 피부미용인에게 큰 용기가 되었다.

○ 피부미용제도화 2차 광화문 한식집에서

피부미용제도화를 위하여 동분서주하고 있던 어느 날 피부미용 현안문제에 관심이 있는 모 국회의원실로부터 조수경 회장에게 광화문에 있는 한 한정식에 보건복지부 장관께서 참석하시니 오셔서 피부미용 제도화를 직접 설명하라는 초대를 받았다.

조 회장은 "사적인 자리에서 쉽게 만날 수 있는 분이 아닌 장관을 면담할 수 있다는 마음에 떨리고 흥분되고, 긴장이 되었다"고 당시 상황을 설명했다.

"초대한 국회의원은 나를 보자 반기며 안으로 안내 해주셨고 장관을 바라보면서 조수경 회장에 따르면 피부미용제도화가 꼭 필요한 거라고 생각이 드는데 검토할 필요가 있다고 생각합니다라고 말씀하셨다. 보건복지부 장관은 나에게 "어떻게 국회의원님을 설득했기에 나를 이렇게 곤란하게 해요"라고 쏴 부쳤다.

장관은 또 "국회의원께서 아침저녁으로 전화하여 조수경 회장을 도와주라 요청하시어 많이 곤란하다"며 나무라셨다.

"그러나 국회의원님의 입장을 곤란하게 할까 분위기를 살피면서 조용히 예의를 갖추며 장관님 재직하실 때 피부미용제도화를 이루어 주실 것을 부탁드리고 만찬장을 나왔고 의원님께서 배웅해 주셨다"고 당시 긴장했던 상황을 회상했다.
돌이켜보면 당시 도움을 주려는 국회의원들이 조금씩 관심을 가져주었다.

○ 피부미용제도화 3차 또 다른 정치인을 만나다

보건복지부를 찾아가 피부미용제도화를 설명하면 대한미용사회중앙회와 타협하라는 말만 되풀이하고 있는 상황이라서 행정기관을 통해 피부미용제도화가 어렵다는 판단을 하게 되었다.

그래서 입법기관인 국회를 통해야 제도화가 빠르다는 것과 국회의원 한 사람, 한 사람이 입법기관임을 깨닫고 국회의원을 접촉하기 위해 동분서주하고 있을 때 국회의원 한 분을 소개받았고 곧바로 해당 국회의원실을 찾아가 정책보좌관과 인사를 주고받고 의원께 안내되었으나 피부미용인들의 현안문제를 해결해 줄 국회의원이고 생각해서 그런지 어렵고 떨리고 긴장되었다.

그러나 피부미용인들을 대표하여 우리의 숙원사항을 해결하려고 나선만큼 마음을 차분하게 가라앉히고 정리하여 피부미용인들이 직면하고 있는 현황과 문제점 그리고 희망사항을 설명했다.
그러나 국회의원은 다른 일정이 있어 대충 상황을 파악했다며, 양해를 구하고 보좌관에게 더 구체적인 설명을 듣도록 지시하고 자리를 떠났다.

피부미용인들의 입장을 경청해 준 것만으로도 만족하고 실무적인 업무를 수행하는 보좌관에게 피부미용 전문제도 청원서를 받아줄 것을 간곡히 요청하였고 모든 구비 서류 등을 필요한 대로 준비하여 뒷받침할 것을 약속하고 그 뒤로 여러 차례 더 방문했다.

그때마다 보좌관은 피부미용인들의 입장을 알고 도와주려 하였지만 단호하고 냉정한 의사, 안마사, 대한미용사회 등 기득권 단체라는 현실의 벽에 부딪쳐 바위에 계란 던지는 격이어서 국회의원의 청원입법으로 간다고 하더라도 확률이 적어 쉽지 않을 것이라는 보좌관의 조언이 있었다.

물론 피부미용 제도화를 못하게 막으려는 의도가 아니라는 것을 잘 알고 있기에 물러설 수 없는 것이 우리의 입장이었으므로 한 번 더 '청원입법'을 받아 줄 것을 간곡히 부탁하였지만 왠지 자신감이 없어지고 의기소침해져 포기하고 싶은 생각이 들었다.

○ 청원서 제출하라는 보좌관의 승낙

하늘은 스스로 돕는 자를 돕는다. 지성이면 감천이다. 그동안 수십 번 의원실을 방문하여 피부미용전문제도 청원을 받아 주실 것을 부탁드렸건만 "이 청원을 내봐도 소용없습니다. 절대로 되지 않습니다"라며 실망스러운 답변만 하던 김홍신 의원 보좌관께서 "한번 제출해 보십시오"라고 승낙을 했다. "예 준비하겠습니다"

조수경 회장은 "청원서 제출 허락 한마디에 흥분이 되고 눈물이 났다"고 당시를 회고 하였다. 머리 숙여 감사의 인사를 하고 의원실을 나왔다.

○ 청원서를 만들어 본 경험이 없는 당시 청원자는 많은 고민에 쌓였다

당시 보건복지부에서 근무하고 입법조사관실에 근무한 경력이 있는 대학교 교수를 만나 피부미용사제도를 신설하는 내용을 담은 공중위생관리법 개정 청원서를 며칠 밤을 지세우면서 만들었다.

청원서에는 피부미용의 국내현황, 인력 배출 현황은 물론 세계적 동향 등을 종합적으로 반영하였다.

○ 1999. 12. 14. 최초 청원서 제출

1999.12.14. 15대 국회에 최초로 '피부미용관리사 제도 신설을 위한 공중위생관리법 개정에 관한 청원서'를 제출하였다.

● '피부미용관리사' 제도 신설을 위한 청원

청원일자 : 1999.12.14.
제출자 : 조수경
제목 : '피부미용관리사' 제도 신설을 위한 공중위생관리법
        개정에 관한 청원
[청원요지] 공중위생관리법개정 공중위생영업의 종류에
피부미용관리업을 추가하고, 피부미용관리사 면허제도를
신설할 것을 요구함.

● 피부관리사제도 신설을 위한 법개정 청원 [2000.11.28]

- 청원번호 160130
- 접수일 2000년 11월 28일
- 청원인 조수경
- 소개의원 김홍신 의원
- 소관위원회 보건복지위원회

어떠한 일이 있어도 피부미용사자격을 허용할 수 없다며 이해조차 하지 않으려는 대한미용사회중앙회의 헤어미용인들. 대한미용사회중앙회와 협의하라며 책임을 지지 않으려는 보건복지부 생각을 바꾸려면 입법기관인 국회에 청원하는 길밖에 다른 방법이 없었다.

물론 청원서가 국회에 제출되었다고 모든 것이 해결되는 것은 아니였다. 이제부터 국회 보건복지위원회 23명의 위원들을 이해·설득시키는 것이 힘들고 벅찬 일로 쉽지 않은 일이지만 끝까지 노력해 보겠다고 다짐하였다.

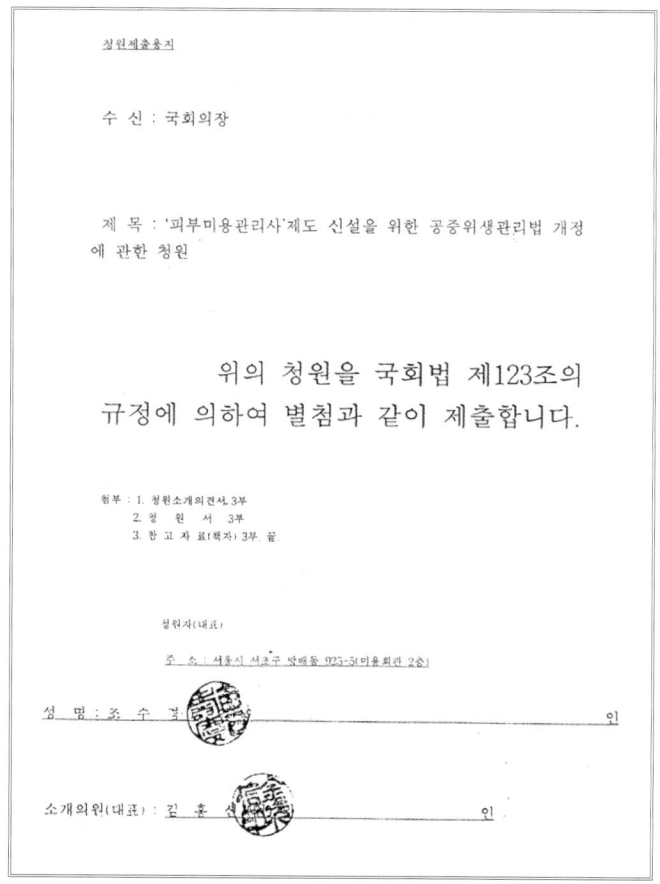

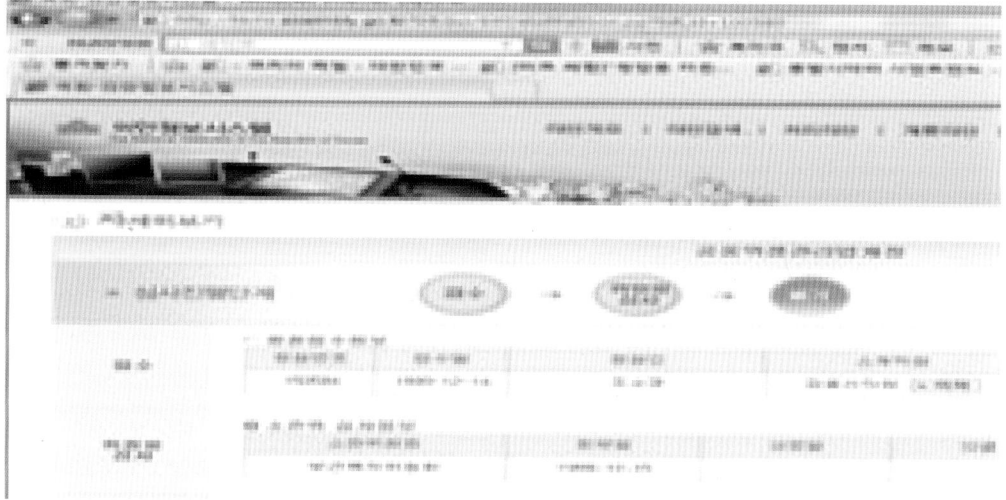

'피부미용관리사' 제도 신설을 위한 청원 (1999. 12. 14)

2. 국회에 2차 청원서를 내다

○ 2000. 7. 24. 7시, 9시 KBS뉴스 보도

KBS 사회부 기자를 만났다.

정부과천종합청사 앞뜰의 뙤약볕 아래에 1,000여명이 손목에 빨간 띠를 두르고, "노동부는 종목신설에 피부미용사 포함시켜라", "보건복지부는 피부미용자격신설 허용해라"하며 소리를 지르며 함성을 울리던 날. 우리 집회 소식을 듣고 KBS 모 기자로 부터 조수경 회장에게 전화가 와서 "얘기나 들어보자"고 했다.

KBS 기자라는 소리에 조수경 회장은 바로 시간 약속을 했다. 기자를 만나 "피부미용전문제도의 필요성, 세계적 추세, 늘어나는 피부미용업소 수, 또한 미용사 면허이면 모든 것을 할 수 있다"는 부당성에 대해 설명했다.

또한 대한미용사회중앙회가 반대하고, 보건복지부는 무관심 하여 대한미용사회중앙회와 "타협하고 와라"라는 말만 반복하고 있을 때 우리나라는 IMF 외환위기를 맞고 있었다.

실업자가 늘어나고 기업에서는 구조조정이 일어나고 있을 때 고용노동부가 신산업수요에 해당하는 자격신설 18개 종목을 선정하여 관련기관에 의견 조회한 사실도 강조 하였다.

노동부가 피부미용관리사도 자격신설 18개 종목에 해당되어 대한미용사회중앙회에 공문을 보냈는데 일언지하에 반대한다는 사실을 설명하였다.

"이게 말이 되는 것이냐" 만난 기자에게 하소연 하듯 우리의 마음을 토해 냈다. "기자님. 제발 잘못된 행정을 뉴스에 한 번만 보도해 주세요"라며 사정했다.

그때 그 기자는 "노력해 보겠습니다. 확답 할 수는 없으나 뉴스거리는 될 것 같다"고 말했다.
헤어진 후 몇 시간이 지났을 때 "저녁 7시 뉴스에 나올 것"이라며 전화가 왔다.
그때의 기쁨은 이루 말할 수 없었다.
경제적, 사회적으로 여론 이슈화를 할 수 있었기 때문이었다.
조수경 회장은 곧바로 집회에서 함께 외쳤던 전국에서 참여한 사람들에게 "KBS 7시 뉴스를 보세요"라고 알렸더니 전국이 떠들썩했다.
피부미용인들에게는 큰 힘을 불어 넣는 계기가 되었다.

'KBS 9시 뉴스 보도 기사(2000. 7. 24)

2001년 국가기술자격 피부미용사 자격시험 신설 기사(2000. 7. 25, 매일경제)

○ 피부과·성형외과 의사 피부미용행위 절대근절시위

여의도가 울리게 고함소리를 질렀다.
"30년 이상 여성들이 피부미용업무를 지키고 발전시켰는데 의사들이 본인들의 업무라고 하다니 정말 치사하다"라고 외쳤다.

2000년 6월 7, 8일 까지 여의도 민주당사 앞에서 전국 피부미용인들은 생업을 중단한채 불볕 더위에도 불구하고 정부는 책임을 지고 피부과, 성형외과의 피부미용행위를 근절시킬 것을 외쳤다.

2000년 6월 7일
피부과, 성형외과
피부미용 행위 근절
(민주당 당사 앞)

민주당사 앞에서 전국 2,000여명의 피부미용인들이 공중위생관리법 개정 청원을
통과시켜달라는 절규의 목소리로 함성을 지르고 있는 모습

피부미용 생존권 보장 여의도 공원 앞에서 절규하는 모습

○ 피부미용전문자격화를 위해 여자이기를 포기한 삭발

대한민국 피부미용전문화를 이루어볼 생각으로 추진하고 있는 피부미용자격제도화에 대해 행정을 담당하는 보건복지부, 법을 만드는 국회의원들, 기득권을 갖고 있는 많은 관계단체 등을 이해시키고 언쟁을 벌이는 일들이 이제 힘에 부치고 지쳐가고 있었다.

이제 최후의 수단으로 여자의 심장과 마찬가지인 머리카락을… 옛 고전 그리스 과셈족인들은 노예와 같은 맥락에서 신에 대한 충성을 상징으로 삭발을 하였는데 그리고 중세에서 삭발은 성직자와 세속인을 구별하는 기준이었다는데… 그렇다면 조수경 회장은 "내가 삭발하면 지금 처한 상황에 어떤 의미로 작용할까? 고민, 또 고민하다가… 햇볕이 내리쬐는 7월 여의도 민주당사 앞에서 삭발 하기로 마음 먹었다"고 한다.

그런데 조 회장은 당시 마음에 부담스러운 일이 있었다. 캐나다에서 유학 중에 있던 딸이 여름방학을 맞이하여 모처럼 한국에 귀국해 있었기 때문이다.
그러나 앞뒤를 가리고 따질 여유가 없는 상황이라서 최후의 수단인 여자의 상징과 같은 머리카락을 삭발하기로 결심했다. 이 소식을 들은 전국 회원들이 여의도 민주당 당사 앞으로 모였다.

전국 피부미용인들 2,000여 명이 모여 손목에 붉은 띠를 두르고 피부미용전문자격제도화를 외치면서 시위를 시작하였으며 그 시위에 조 회장의 딸도 함께 하였다.

드디어 삭발식을 할 시간이 왔다. 조 회장은 당시 상황을 이렇게 회고하였다.
"모든 생각과 심장이 일시적으로 정지했다가 또다시 뛰었다가를 반복하고 있었다. 더 이상 지체하거나 머뭇거릴 시간이 없었기에 삭발이 시작 되었고 그 많은 시위 군중 속에 딸이 흐느끼는 모습이 눈에 들어 왔다. 지금 내가 하고 있는 일이 잘하는 걸까? 요지부동인 그들의 마음을 녹일 수가 있을까? 많은 생각을 하며 내 머리카락을 맡겼다"
머리를 깎는 도중에 클리퍼 기계가 고장이 나서 손 가위로 머리카락을 성큼성큼 잘라갔다.

조 회장은 "주님! 도와주세요. 제 머리카락을 전국 피부미용인들의 바램과 바꿔보겠습니다. 눈을 감고 기도하니 이루어주소서", "삭발 시위를 한 그날 저녁 회원들이 급하게 준비해 준 가발을 쓰고 귀가하였을 때 가족들에게 많이 많이 미안한 마음뿐이었는데 남편, 딸 등 가족들이 더운데 가발을 벗으라고 응원과 격려를 해주어서 큰 힘을 얻었으며, 그날 밤 용감하고 무모한 행위가 아니길 기도 했다"고 회고하였다.

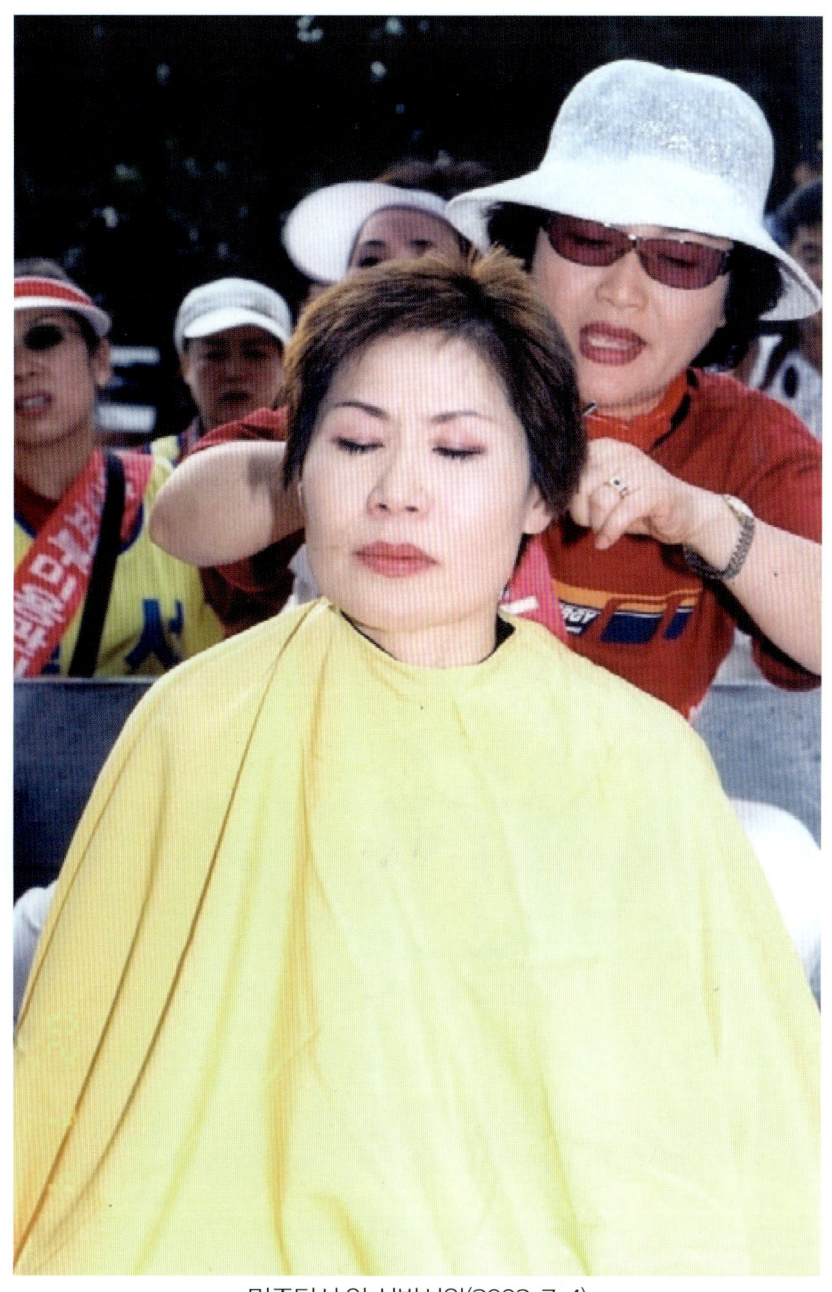

민주당사 앞 삭발시위(2002. 7. 4)

○ 노력과 땀으로 '피부미용자격 신설' 연구용역 이끌어내

국회 '피부미용관리사 제도신설을 위한 공중위생관리법 개정에 관한 청원서'가 접수됨에 따라 하루가 멀다 하고 보건복지부, 국회 등 관계 기관을 부지런히 찾아 다녔다. 그때 기관 관계자들은 찾아가면 귀찮아도 어쩔 수 없이 받아 주었고 오지 않으면 반갑다며 귀찮아하는 것을 알았지만 찾아다닐 수밖에 없었던 그동안의 인내심과 노력의 결과로 얻어진 성과였다.

그러던 어느 날 점심시간이 지났을 무렵 보건복지부 담당사무관으로 부터 평소 귀찮아하던 목소리와는 다르게 전화로 "보건복지부에서 피부미용 자격신설에 대한 연구용역을 한국보건사회연구원에 의뢰하였고 그 연구결과가 중요하니, 보건사회연구원 연구자로부터 전화가 오면 만나 많은 얘기 하세요. 그 동안 피부미용제도화를 위해 열심히 노력 하신 결과입니다"라는 반가운 소식을 알려 주었다.

한국보건사회연구원 연구책임자의 첫 인상은 아주 차갑고 약간 거만한 듯 그리고 미용인이라는 선입견을 갖고 조금은 무시하는 듯한 표정이 어서 자존심이 많이 상하고 섭섭하였으나 피부미용인을 위해서 끝까지 참고 인내하며 많은 대화를 나누고 나서 자료를 건냈으며, 결국은 피부미용인에 대한 인식을 변화시키는 계기가 되었다.

책임연구원이 피부미용인이 아닌 만큼 피부미용분야를 알 수 없으므로 피부미용이란 용어부터 피부미용업의 현장실태와 문제점, 피부미용자격제도화의 필요성과 사유 등에 대해 한국보건사회연구원을 문턱이 닳도록 찾아가 설명하고 이해시키고자 관련 자료를 수십 번 제공하는 등의 노력을 하였다.

○ (사)한국피부미용사회중앙회 로고

- ■ KOREA = 대한민국
- ■ CENTRAL = 중심의
- ■ ESTHETICIAN`S = 피부미용인들의(피부미용)
- ■ ASSOCIATION = 협회 : 특정한 사람들이 관심을 가지고 목적을 달성하기 위한 집단
- ■ 로고 특허 출원 일자 : 2009년 7월 8일
- ■ 2007년 당시 임원들과 논의한 결과 특정한 사람들이 중심이 되어 모인 단체라는 뜻에 모두 만족하여, 조수경 회장이 제작하고 특허를 출원하였다.

○ (사)한국피부미용사회중앙회 기

(사)한국피부미용사회중앙회 기와 전국적으로 시·도를 대표하는 지회기가 있다. 전국으로 21개의 지회가 있고 지역을 상징하는 각각의 기를 만들었다.

각양각색의 전국 시·도를 말해주는 "기"는 각 지역에 깃발처럼 소중했다. 나라에 태극기가 국가를 상징하는 것처럼 (사)한국피부미용사회중앙회 기를 비롯해 전국 지회 기는 지회마다 자부심과 응집력을 도모하기로 한 뜻이기도 하다.

우리는 중앙회 기를 비롯하여 전국 지회별 기는 중앙회 행사에도 단합의 의미로 강조되고 있다.

(사)한국피부미용사회중앙회 기

○ 2002. 2. 28. 공중위생업 발전 방안 (안 : 미용업의 자격분리) 공청회 있는 날

2002년 2월 28일. 수없이 연구자들을 만나서 피부미용의 직무내용, 세계적 추세 등을 설명하고 이해를 구한 상황에서, 보건복지부에서 보건사회연구원에 의뢰하여 6개월 간 연구한 '피부미용자격 신설의 타당성'에 대한 용역 결과를 발표하는 날이다.

조 회장은 당시의 긴박했던 상황을 다음과 같이 회고하였다.
"아침 일찍 집에서 나와 시동을 켜고 출발을 하려는데 핸드폰에 문자 도착 신호음이 울렸다. 전화기 폴더를 여는 순간 가슴이 쿵하고 내려 앉는 소리가 들렸다. 액정화면에 숫자 '4'가 화면 가득히 메워져 있었고 온몸에 소름이 돋고 다리에 힘이 쭉 빠지는 공포감을 느꼈다. 차를 갓길에 세워놓고 마음을 진정시키고 생각을 가다듬고 죽으라는 '4'자가 아니라 죽을힘을 다하라는 '4'자인가 보다" 라고 위안을 하였다.

"다시 시동을 켜고 운전을 하며 보건사회연구원 공청회실로 들어갔다.
대학교수, 산업체원장, 의사, 헤어미용인 등 혹시나 소동이 날까 걱정되었는지 경찰들도 여러 명 배치되어 있었다. 땀 흘리지 않고 노력 없이는 산을 넘을 수 없다. 나는 지독히도 땀을 흘렸다. 기도하는 마음으로 결론을 기다렸다. '됐다 됐어' 만족스런 결론 이었다"

공청회는 피부미용과 헤어미용은 직무가 전혀 다르므로 업종 전문화가 필요하다는 보건사회연구원의 연구 결과로 결론을 맺었다.

【공중위생업의 발전을 위한 방향 설정】 공청회 자료

공중위생업 발전방안(안)으로 미용업의 자격분리

- ■ 제1 제안. 현행제도 유지
- – 제1안은 미용의 모든 분야 (머리, 피부, 메이크업 등)을 현재와 마찬가지로 「미용업」으로 통합하여 단일 관리함.

- ■ 제2 제안. 피부미용분야의 자격 분리
- – 제2안은 현재의 통합된 미용분야에서 피부미용분야를 독립시켜 자격을 분리함. 단, 면허는 현재와 마찬가지로 미용사 면허 하에서 전문 과목을 두는 종목 세분화를 실시함.

- ■ 제3 제안. 피부미용분야의 자격 및 면허 분리
- – 제3안은 현재의 통합된 미용분야에서 피부미용분야를 독립시켜 자격과 면허를 모두 분리함. 미용업을 미용사 면허와 피부미용사 면허의 두 종류로 분리하여 관리함.

공청회 결과가 나온 후 교수, 산업체를 대상으로 설문조사를 하였다. 교수들을 만나야 하였다. 저녁시간에 양재동 교육회관에서 많은 교수들과 미팅을 하였다.

조 회장은 제3안 피부미용분야의 자격 및 면허분리.
교수들은 2안 피부미용분야의 자격분리.
아무리 이해를 시키고 설득을 해도 교수들은 제2안을 고수했다.
아마도 교수들이 고집하지 않았더라면 자격·면허를 분리하는 제3안이 채택 되었을 것이다.
아마도 '대학의 무시험 면허제도' 때문에 제2안을 고집한 것으로 추측된다.

어쩌면 제3안이 채택 되었더라면 교수들의 입지가 더 확고해졌을 것으로 평가하는 의견도 있다.

공중위생업 발전을 위한 방향설정 공청회(2002. 2. 28.)

○ 16대 국회에 2차 청원서 제출

1999년 12월 4일(2000. 11. 28. 접수) 15대 국회에 제출한 입법청원서는 2000년 11월 29일 보건복지위원회에 상정되어 법안심사소위원회에 심의·회부되었으나, 심사되지 못하고 국회 회기 종료로 자동 폐기가 되었다. 그 후 2003년 7월 15일 16대 국회에 '피부미용관리사 제도신설을 위한 공중위생관리법 개정에 관한 청원서'를 다시 제출하였다.

[피부관리사제도 신설을 위한 법개정 청원 [2000.11.28.]]

공중위생업 발전방안(안)으로 미용업의 자격분리

- ■ 청원번호 160130
- ■ 접수일 2000년 11월 28일
- ■ 청원인 : 조수경
- ■ 소개의원 : 김홍신 의원
- ■ 소관위원회 : 보건복지위원회

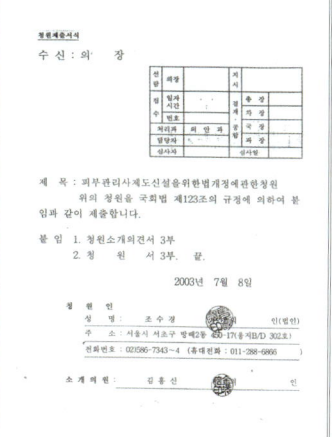

청원서

3. 아직도 꽉 닫힌 정부의 문

○ 보건복지부 장관, 정부 입법 추진 약속

보건복지부, 대한미용사회중앙회, 시각장애인협회, 의사협회 및 피부과협회 등 모두가 피부미용전문화를 반대할 때, 조수경 회장과 임원진들은 끈임 없이 국회의 문턱이 닳도록 찾아 다녔다.
그러나 어느 국회의원도 의원입법을 발의 해주지 않았다.

그러던 중 당시 한나라당에 있던 한분이 의원입법 발의가 어려우면 개인 조수경 이름으로 입법청원 해보라고 조언을 해주었다. 입법청원도 상임위에서 병합심사하면 똑같은 효력을 갖는다고 말하였다.

입법청원 소개를 해줄 분을 한분 소개해 줄 테니 찾아가 보라고 해서 소개를 받은 분이 당시 김홍신 국회의원 이었으며, 15대, 16대, 17대 세 번에 걸쳐 발의해 주었다.

드디어 17대 2003년 12월 29일 국회보건복지위원회 법안심사소위원회에서 심의가 있던 날, 당시 보건복지부 김화중 장관이 "더 이상은 미루면 의원입법으로 갈 것 같으니까 정부입법으로 추진하겠다"라고 답변함으로서 피부미용자격제도의 시작종이 울렸다.

○ 국회 보건복지위원회 법안심사소위원회, '피부미용제도화 신설' 심사 통과

16대 정기국회 마지막 회기가 끝날 무렵인 2003년 12월 16일 다시 한 번 국회 보건복지위원회 법안심사소위원회가 개최되어 '피부관리사제도화 청원 건'을 심사하는 날이다. 회장단은 회의장 앞에서 초조하게 대기하고 있었다.

당시 보건복지부 담당사무관은 "보건복지부 장관께 피부미용제도화를 내용으로 하는 공중위생관리법 개정 법률안에 대한 수석전문위원의 검토보고서 의견이 아주 긍정적이어서 법안심사소위원회 심사를 통과할 가능성이 뚜렷하여 법으로 정의될 수밖에 없으니 정부가 '입법청원서'를 받아서 처리하겠다고 답변하는 것이 좋겠다고 이해 시켰다"고 귀띔해 주어서 조금은 안심하면서 기다렸다.

드디어 국회 보건복지위원회 법안심사소위원회 소속 위원들 가운데 어느 한 분도 반대하는 분이 없었으며 위원들은 "장관께서 어떻게 하겠느냐"고 질문했고 이에 대하여 장관은 "내년(2004년) 6월 상반기까지 피부미용제도를 확정 하겠다"며 수용 의사를 밝혔다.

회장단은 썩 내키지는 않았지만 정부의 수용 의사를 받아 들였다.
회장단이 제출한 청원서의 내용을 반영하여 국회 보건복지위원회 수석전문위원이 검토의견을 긍정적으로 작성함으로써 법안심사소위원회에서 청원서를 심의·의결하여 장관이 더 이상 반대를 할 수 없게 된 것이다.

[공중위생관리법개정에 관한 청원(2건) 검토보고]
(김홍신 의원 소개) 2003. 11

Ⅰ. 제안경위 및 청원요지

■ 2000년 11월 28일, 2003년 7월 15일 각각 김홍신의원의 소개로 서울특별시 서초구 방배2동 450-17 웅지빌딩 302호 조수경으로부터 '공중위생관리법령 개정에 관한 청원' 및 '공중위생관리법 개정에 관한 청원'이 제출되어, 2000년 11월 29일, 2003년 7월 18일자로 각각 우리 위원회에 회부되어 왔음.

■ 이 두건의 청원은 유사한 내용으로,
- 전자는 미용사의 업무범위 조정을 통하여 피부미용관리사를 별도의 전문직종으로 인정하도록 관계법령의 관련규정을 개정해 달라는 내용임.
- 후자는 전자를 보다 강화 또는 구체화시킨 것으로, 피부관리사제도를 신설하기 위하여 법 제2조에서 공중위생영업의 종류에 현재의 미용업과 별도의 피부관리업을 추가하고, 이에 따라 제4조, 제6조, 제7조, 제8조 등을 개정하여 피부관리업자의 위생관리의무, 피부관리사면허, 피부관리사의 업무범위에 대하여 규정하도록 하며, 부칙에서 피부관리사면허에 대한 경과 조치를 두는 내용으로 공중위생관리법을 개정해달라는 내용임.

Ⅱ. 검토의견 : 보건복지위원회 수석전문위원

1. 현행 공중위생관리법 관련규정

■ 공중위생관리법을 살펴보면,
- 제2조제5호에서 손님의 얼굴·머리·피부 등을 손질하여 손님의 외모를 아름답게 꾸미는 영업으로 미용업을 정의하고 있고,
- 제8조제1항에서 미용사의 면허를 받은 자가 아니면 미용업을 개설하거나 그 업무에 종사할 수 없다고 하고 있으며,
- 공중위생관리법 제8조제3항 및 동법 시행규칙 제14조의 규정에서 파마·머리카락자르기·머리카락모양내기·머리피부 손질·머리카락염색·머리감기, 손톱의 손질 및 화장, 피부미용(의료기구나 의약품을 사용하지 아니하는 순수한 피부미용을 말한다), 얼굴의 손질 및 화장으로 그 업무범위를 정하고 있음.
- 그리고 공중위생관리법 제4조제7항 및 동법 시행규칙 별표4 「공중위생영업자가 준수하여야 하는 위생관리기준 등」에서 '미용업자는

점빼기·귓볼뚫기·쌍꺼풀수술·문신박피술 기타 이와 유사한 의료행위를 하여서는 아니되고, 피부미용을 위하여 의료기구 또는 의약품을 사용하거나 보관하여서는 아니된다'는 기타 준수사항을 규정하고 있음.

2. 현행 피부미용 관련규정에 대한 제 입장

■ 청원인은 현행 법률에서 인정하고 있는 피부미용과 다른 피부관리의 영역이 있다고 주장함.
- 현행 공중위생관리법에서 인정하는 피부관리의 범위는 두발미용을 보조하는 정도의 미용(순수 피부미용이라 표현함)으로 극히 한정적인 것으로 현재 피부관리업에서 행해지고 있는 피부관리의 범위와 법에 의해 규제되는 시술의 범위는 현격한 차이가 있음.
- 보건복지부는 현행 공중위생관리법은 미용사면허만을 두고 피부관리사 면허를 두고 있지 않으므로 미용업의 허가를 받지 않고 영업을 하는 경우 무허가 영업으로 처벌을 받게 된다고 함.
- 현재 시장에서 서비스가 제공되고 있는 피부관리업은 공중위생관리법상의 피부미용과 달라 현행 공중위생관리법이 규정하고 있지 않는 자유업임에도 불구하고 보건복지부가 공중위생관리법 위반으로 규정하는 것은 모순이 있음.
- 직업의 자유는 모든 국민에게 인정되는 기본권이기 때문에 그것이 위법하거나 타인에게 중대한 피해를 끼치지 않는 한 직업 창설의 자유를 막을 권한은 국가에게 없으므로, 공중위생관리를 위하여 필요한 경우 새로운 유형의 공중위생관리업으로 인정하여 별도의 면허 등 필요한 규정을 마련해 달라는 것임.

■ 이에 대해 보건복지부는 청원인이 주장하는 피부관리업무는 피부다듬기(경찰법, 강찰법 등) 및 제모하기 등으로 대부분 피부미용업무이며, 일부 유사의료행위가 혼합되어 있으므로 새로운 영역으로 보기 어려우며 현행법의 피부미용업무로 현행 대로 유지한다는 입장임.

■ 이러한 해석의 차이 및 주장의 차이는 근본적으로 현행 미용업이 선진 외국과는 달리 머리, 피부, 화장 등이 세분화되어 있지 않고 미용업으로 통합되어 미용사라는 단일자격/면허로 관리되고 있음으로 말미암은 것으로 보임.
- 현 미용사 자격시험이 머리분야에 약 92% 치우쳐 있어 올 바른 검정이 안되는 상황에서, 피부미용만을 하고 싶으면서도 헤어미용까지를 습득해야 하는 현실적인 문제점이 있는 등 전문화·세분화의 추세에 따라 피부미용/관리가 헤어미용과 분리된 독자적인 영역으로 발전해

> 가고 있는 현실을 반영하고 있지 못하기 때문임.
> - 이로 말미암아 불법 민간자격증이 남발되고 있으며, 현행 공중위생법에 따르자면 미용사면허없이 피부미용/관리업을 하는 무면허 불법영업을 양산하고 있는 결과를 초래하고 있는 것으로 생각됨.
>
> ### 3. 종합 검토
>
> ■ 세계적으로 미용업은 머리, 피부, 화장 등의 세분화된 학문으로 분화되어 발전하고 있으며 우리나라도 이미 1990년대 초 2년제 전문대학에 미용학과가 개설되어 세분화된 전문분야별 관련인력을 배출하고 있음.
> - 2000년에 들어서는 3년제, 4년제와 더불어 석·박사과정이 개설되고 있는 실정임. 그러나 학교졸업 후 현장에서는 세분화된 전문 분야가 인정되지 않고 미용사 자격 및 면허에 의해 비전문적으로 통합 운영되고 있어 문제가 되고 있는 것임.
>
> ■ 이상에서 살펴본 것을 종합해보면, 현행 공중위생관리법과 같은 통합관리는 문제가 있으며 관련법령을 개정하여 피부미용/관리사 자격을 분리 신설할 필요가 있으며 면허 또한 분리하여 운영하는 방안에 대하여 적극적으로 검토할 필요가 있으며, 최소한 미용사 면허를 세분화시켜야 할 것임.
> - 그 과정에서 두발미용사, 피부과 의사, 안마사 등과의 직종간 업무를 명확하게 구분하는 작업이 이루어져야 하고, 피부미용관리와 관련된 기기 및 제품의 안전성을 확보하기 위한 관련규정이 마련되어야 할 것임.

○ 국무총리실에 "피부미용제도화 약속 불이행" 1차 민원제기, 2차 민원제기

■ **1차 민원 제기 (2003. 12. 23.)**

조 회장 등 임원진은 피부미용제도화 지연에 대하여 매우 답답하고 조바심이 났다.

2003년 12월 23일, 국회 보건복지위원회 법안심사소위원회에서 조수경 회장이 제출한 청원서를 심의하던 과정에서 보건복지부 장관은 "2004년 상반기 내에 공중위생관리법을 개정하여 노동부와 협의해서 피부관리사제도를 신설하겠다"고 약속하였는데 한 해가 다 가고 있었으나 약속이 이행되지 않고 있었다.

이에 밖에서는 회장이 회원들을 상대로 사기치고 있다는 등 여러 가지 유언비어와 수군거림, 거짓말 등이 난무하여 국무총리실에 보건복지부 장관이 약속한 사실이 있는지 등을 확인하고 이행을 촉구하는 민원을 제기하였고 이에 대하여 국무총리실에서 회신이 왔다.

[2004. 2. 27. 국무총리실 민원 회신 답변]

▶ 국무총리실 민원회신

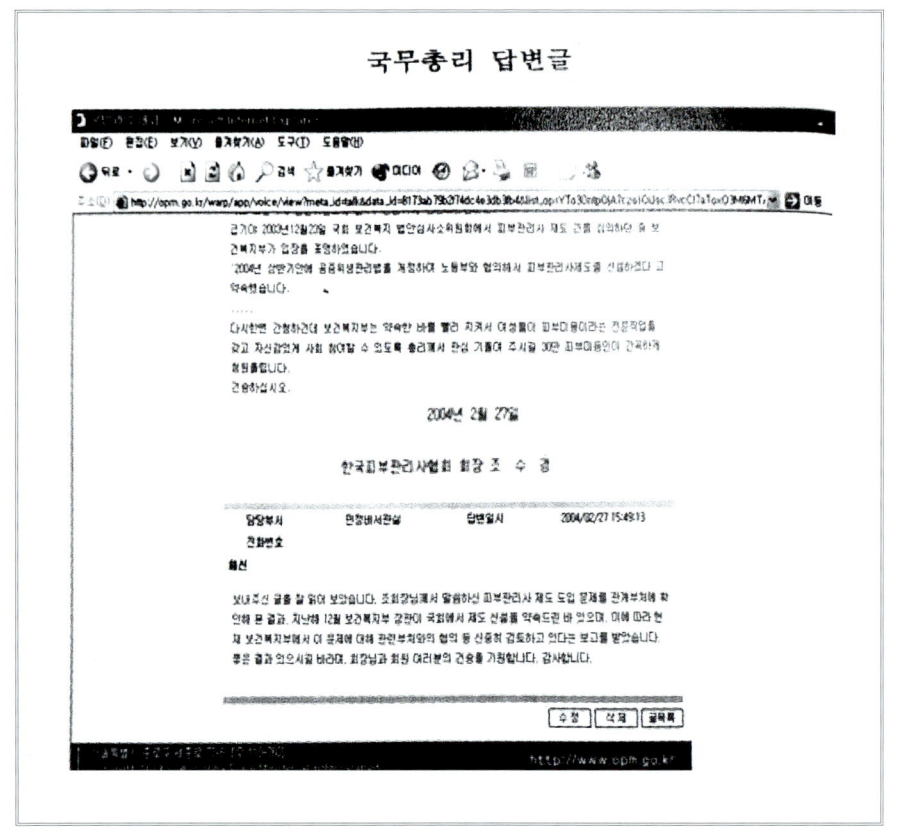

 국무총리실에서는 지난해 12월 국회에서 보건복지부 장관이 피부관리사 자격제도 신설을 약속한 바 있다며, 피부미용사의 국가기술자격 분리시험 신설을 빠른 시간 내에 추진될 수 있도록 노력하고 있다고 회신했다.

 협회가 끈질긴 것인지, 협회를 끈질기게 만든 것인지 여하 간에 수백 통의 공문, 민원, 청원이 삼륜차에 하나 가득될 정도로 끊임없이 질의하고 답변하는 과정을 통해 결국 피부미용제도화의 서막이 열리게 된 것이다.

■ 2차 민원 제기 (2004. 7. 13.)

2004년 7월 13일 조수경 회장은 또다시 피부미용제도화에 대한 민원을 제기하였다

> 보건복지부 장관은 "2004년 상반기 내에 공중위생관리법을 개정, 노동부와 협의해서 피부관리사제도를 신설하겠다"고 약속하였는데 년도가 바뀌고도 약속이 이행되지 않고 있는바 지금까지 공중위생관리법 개정 추진여부와 추진내용, 부진사항, 향후 가능여부, 정확한 추진시기 등을 회신해 줄 것을 요구했다.

[2004. 7. 14. 국무총리실 민원회신]

▶ 국무총리실에서「2차 민원 제기한 서류를 소관부처인 보건복지부로 이송하고 소관부처로 하여금 답변하도록 조치했다」고 협회로 회신이 왔다.

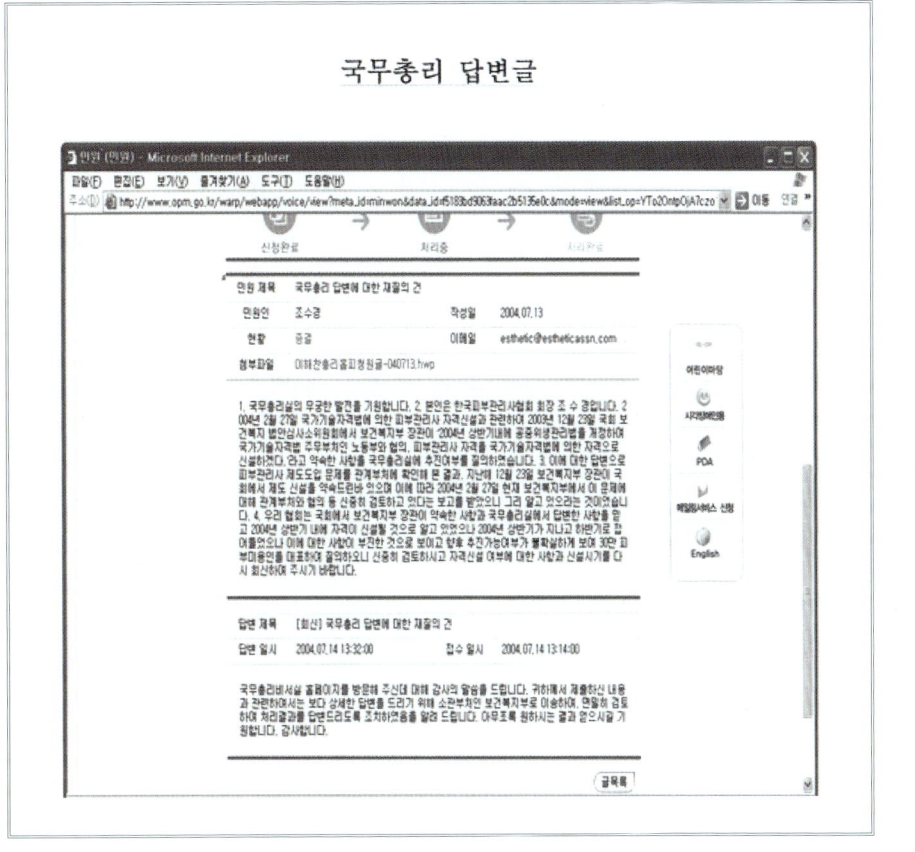

[2004. 7. 26. 보건복지부 민원회신]

보 건 복 지 부

수신자   조수경(서울시 동작구 사당1동 1032-45 2층, 한국피부관리사협회)
(경유)

제목   민원회신(조수경)

　　　1. 귀하께서 국무총리비서실에 제출하여 2004. 7. 19.자로 우리 부로 이첩된 민원에 대한 회신입니다.

　　　2. 동 민원은 피부미용사의 국가기술자격 분리시험 신설 요구내용으로, 동건과 관련하여는 현재 빠른기간내에 추진될 수 있도록 노력하고 있음을 알려드리니 이점 양해하여 주시기 바랍니다. 끝.

보 건 복 지 부 장

○ 보건복지부 장관 집 앞 1년 1인 시위, 단식농성 15일 간 (2004.10.11.~24 까지)

1인 시위는 고독하다. 한 사람이 한 장소에서 혼자서 서 있어야 한다는 것. 사람이 말없이 목표를 관철시키기 위해 주장한다는 것이다.

국민의 기본권 중 자유권은 국가 권력의 간섭이나 침해를 받지 않고 자유롭게 생활할 수 있는 권리로 대한민국 국민은 누구나 자신의 생각을 자유롭게 발표하고 뜻을 같이하는 사람과 모일 수 있는 집회결사의 자유까지를 포함한다.

시위는 집단시위가 있고, 혼자서 하는 시위가 있는데 집단시위는 집단행동을 통해 의사표시를 함으로써 커다란 효과를 가져 올 수 있으며 시위가 의미를 갖기 위해서 소수의 이익을 주장하거나 폭력이 개입해서는 안 되며 공공질서에 미치는 영향이 크므로 집시법 규제를 받는다.

1인 시위는 집시법의 규제를 받지 않으며, 법적 구속의 위험 없이 개인이 주장을 펼칠 수 있는 중요한 수단이나 집단시위만큼 효과는 볼 수는 없지만 집단시위하기에 무리가 있고 집단시위를 위하여 많은 사람을 동원하는데 어려움이 있을 때 실시하는 것으로 한 곳에 고독하게 오랫동안 서서(직립) 목표를 관철시키기 위하여 말없이 의지를 상징하는 것이다.

회장은 2002년 5월 27일부터 보건복지부 장관 집 앞에서 "보건복지부 장관은 책임져라", "복지부 동 보건복지부 장관은 물러가라", "피부미용인 생계 보장하라"란 문구가 적힌 피켓을 들고 피부미용인들의 입장을 대변하고 권익을 찾기 위하여 정부과천청사 앞 잔디마당에서 실시한 '전국회원 피부미용 자격제도를 위한 결의대회'에서 요구했던 사항이 이행되지 않는 것에 대하여 1인 시위의 투쟁을 시작하였다.

모든 시위는 처음엔 겸연쩍고 쑥스럽기도 하다. 더구나 피켓 하나만을 가지고 회장 혼자서 하는 시위는 더욱 어색하고 부끄럽기도 하였지만 특히 어려운 것은 장관이 아침 출근 시간에 맞춰하는 시위였으므로 새벽에 일어나 준비하고 나가는 것이 힘든 일이었다.

2002년도에 시작된 시위는 오기와 집념으로 피부미용자격제도가 신설되고 피부미용업이 독립하는 그날까지 투쟁할 것을 다짐하면서 2002년 장관 재직 시에 시작했던 1인 시위는 다음 장관, 또 그 다음 장관, 또 새로 부임한 장관 집 앞으로 이어졌다. 피부미용인들의 요구사항이 관철될 때까지 장관이 바뀌어도 이어져 전국 임원진들까지 새벽 기차를 타고 올라와 교대하면서 길고 지루하게 이어졌다. 피부미용인의 요구사항을 목이 터져라고 외치기도, 침묵으로 시위하기도, 거리행진을 하기를 햇볕이 따가운 날, 비가 오는 날, 추운 날 등 날씨나 계절에 상관없이 계속되었다. 피부미용인의 요구사항에 대하여 정책결정을 하지 못하고 때로는 피부미용인들의 요구사항이 정당한데도 들어주지 않는 보건복지부 장관과 실무담당자들이 원망스럽기도 하고, 힘이 없는 사람들의 요구사항이라 무시당하는 것 같기도 하였다.

2003년 12월 국회 보건복지위원회 법안심사소위원회에서 공중위생관리법 개정(피부미용자격제도 신설, 청원자 조수경)에 대한 심의가 있던 날 정부(보건복지부 장관 김화중)는 "정부입법으로 추진 하겠다"고 답변했다. "언제까지 할 것이냐"고 국회의원들이 장관에게 물었을 때 "내년 6월 상반기 안에 꼭 하겠다"라고 답변했다.

김화중 장관은 국회 답변 후 몇 개월이 지나서 김근태 장관으로 교체되었고, 이후 김근태 장관 집 앞에서 15일간 단식 천막농성을 진행 하였다.

미용기기 신설 1인 시위 (국회 앞)

10월 중순이 넘어 낙엽이 흩어지는 가을이라 천막 안은 몹시 추웠다.
비가 세차게 내리는 밤에는 임원들이 천막 4개의 기둥을 잡고 쓰러지지 말라고 버텨야 했다.
장관 집 앞 농성기간 중 2004년 10월 22일 국회 국정감사가 있는 기간이라 국회 보건복지위원 두 분에게 국정감사에서 피부미용문제에 대하여 질의 해달라는 요청을 해놓은 상황이어서 조 회장은 김신자 인천지회장과 함께 국회로 갔다.

국회 화면으로 피부미용문제에 대한 질문을 언제 할지 기다리며 모니터링하고 있었다.
평소 존경하던 전재희 의원께서 김근태 장관께 날카로운 질문을 날렸다.

"장관님. 지금 장관님 집 앞에서 여성들이 천막을 쳐놓고 밤을 새면서 집회를 하고 있다던데 알고 계십니까"
장관이 답했다
"네 알고 있습니다"
전재희 의원이 다시 질문했다.
"2004년 6월 상반기까지 결정짓겠다고 했는데 왜 이리 지지 부진합니까"
장관이 답했다. "조만간 결정짓겠습니다"
전재희 의원께서 날카롭게 한마디 던졌다.
"다른 특정 단체 눈치 보지 마십시오. 장관은 정도를 걸으십시오"
강하게 쏴 부치는 전재희 의원께 너무 감사해서 무엇이라 표현할 수 없이 기쁜 마음으로 국회를 나와 집회 장소로 성급히 택시를 타고 갔다. 임원들을 소집하여 김근태 장관이 국정감사에서 답변한 얘기를 전해주며 소기의 성과를 이루었다고 판단하고 집회를 해산하였다.

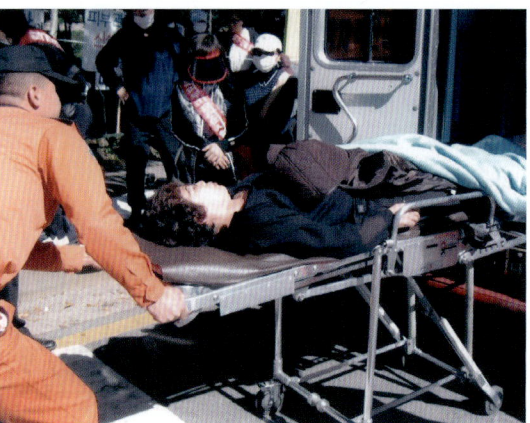

김근태 장관집 앞 단식 노숙집회 (2004. 10. 14~24)

○ 정부과천종합청사 잔디마당 "국가자격신설"을 외치며 울부짖던 날

경찰기동대 수백 명이 잔디마당을 에워쌌다.
정부과천종합청사 잔디마당에 모인 2,000여 명의 전국 피부미용인들.
북과 장구를 치며 외쳤다. '복지부는 책임져라 피부미용자격 신설'
'복지부동 복지부 장관은 물러가라'
각 지회에서 준비해 온 김밥과 빵으로 허기를 채우면서 고함과 함성을 질렀다.
어둑어둑 해질 무렵 시위에 참가한 회원들이 격분하여 차도로 뛰어나가 경찰 시위진압대와 밀고 당기는 가운데 경찰이 임원진을 비롯한 100여 명의 회원들이 경찰차량으로 강제 연행되어 난생처음 과천경찰서 유치장에 들어갔다.

연행된 회원들은 겁에 질려 있었다. 정보과 형사가 큰 소리로 "집시법 위반으로 오신 당신들 오늘 집에 못갑니다. 회장님 도대체 집시법도 모르고 도로에 뛰어나오게 합니까"고 호통을 쳤다. 조 회장은 "죄송합니다. 모든 책임은 제게 있으니 모두 집에 보내주시고 저만 남겠습니다. 대표인 저만 있으면 되지 회원들이 무슨 죄입니까. 우리 회원들이 추우니 따뜻한 국수나 한 그릇씩 시켜 주시지요"라고 말했다. 형사반장은 기가 막힌 듯 어처구니가 없어 했다.

형사반장은 "20년 형사생활에 연행되어온 사람이 국수 시켜달라고 하는 것은 처음 보았다"라고 말하면서 회원 모두를 내 보내 주었다.
"나는 새벽이슬을 맞고 4시에 풀려났다"고 조 회장은 당시를 회고했다.

전국 피부미용사 자격제도 추진 결의대회(2002. 5. 24, 정부과천종합청사 잔디마당)

4. 드디어 정부가 움직이기 시작했다

○ 2005. 2.18. 보건복지부, 노동부에 피부미용자격 신설 요청 공문 발송하다

드디어 보건복지부에서 노동부로 피부미용자격 신설요청 공문을 발송했다. 보건복지부 장관이 지난해 국정감사에서 "조만간 매듭지겠다"는 약속을 실천했다.

노동부는 보건복지부에서 받은 공문을 우리 협회에 보내줬다.
15일 단식 농성한 결과가 결실을 맺었다.
이게 얼마만인가?
수십 번 끈질긴 투쟁, 단식농성, 삭발!
정말 눈물이 날 정도로 긴 터널을 빠져나왔다.

전국 피부미용인들의 피나는 노력의 결과였다.

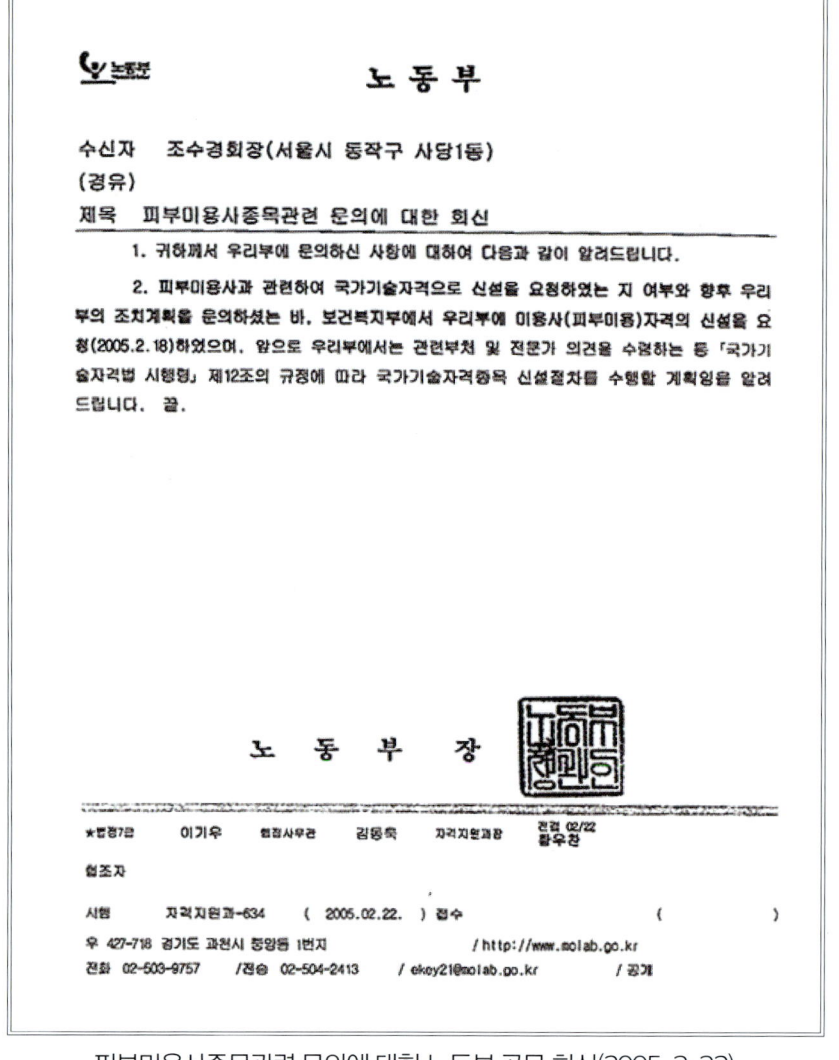

피부미용사종목관련 문의에 대한 노동부 공문 회신(2005. 2. 22)

○ 유시민 장관, 보건복지부 장관으로 오다

노동부에서 피부미용자격제도를 신설 해달라는 공문이 온 후 김근태 장관이 유시민 장관으로 교체되었다.

걱정되고 궁금하다. 어떤 분일까?
남은 건 시행규칙을 개정해 입법예고만 거치면 시행이 되는데…

2005년 10월 국정감사 기간이었다.
모 의원이 유시민 장관에게 질문 했다.
"그렇게 반대하는 단체가 많고 미용사자격만 가지면 모두 다 할 수 있는데 왜 이렇게 피부미용자격을 만들려고 합니까 이유가 뭡니까" 물었다.

유시민 장관 답변. "100명이 반대해도 10명이 찬성하는 옳은 정책이라면 난 해야 한다고 생각합니다. 산업발전을 위해서라면 그렇게 해야 합니다" 명확하고 단호하게 답변하였다.

조 회장은 그 내용을 전국의 회원들에게 실시간 전파했다.
전국의 피부미용인들은 유시민 장관의 팬이 되었다. 멋졌다.

○ '피부미용'과 '헤어미용' 분리하는 공중위생관리법 시행 규칙 개정(안) 입법예고

2006년 6월 28일 피부미용인들이 간곡히 원했던 피부미용제도화가 이루어지는 신호로 '공중위생관리법 시행규칙 개정(안)'이 입법예고 되었다.

그러나 여전히 많은 단체와 헤어미용인들, 피부과 의사들, 시각장애인들 등이 피부미용제도화는 안 된다고 반대 의견을 보내고 댓글을 달았다. 협회와 회장단은 입법예고 기간 동안 초조하고 힘들고 어려운 긴 위기의 터널을 손을 잡고 서로 격려하고 응원하며 기다렸다.

○ 떠난 장관이 피부미용국가자격신설 방해하다니

퇴근하는 도중 한통의 전화가 왔다. 보건복지부 직원이었다.
보건복지부에서 노동부로 피부미용자격 신설 공문을 보내는 것을 알고, 떠난 김 모 장관이 노동부 장관에게 전화를 걸어 피부미용 자격을 신설하지 말라고 부탁하고 있다는 것이다.
"조 회장 빨리 그 장관을 만나세요…". 기가 막히고 어이가 없었다.

피부미용 자격을 신설하겠다고 국회 법안심사소위원회에서 약속해 놓고 이행하지도 못한 사람이 후임 장관이 하겠다고 하니 방해라니….
그냥 있을 수 없었다.
회장단 몇몇이 긴급하게 모여 대책회의를 하고 수유리에 있는 김모 장관 자택을 한밤중에 찾아 갔다.
밤을 새웠다. 농성을 했다. 아침 출근시간이 되자 김모 장관이 나왔다.

김모 장관을 가로막고, 조 회장은 이렇게 고함을 질렀다.
"당신이 지난해 국회 법안심사 소위에서 6월 상반기 안에 결정하여 추진하겠다고 답변해 놓고 이행하지도 못했으면서 떠난 사람이 후임 장관이 하겠다는데 방해를 하느냐"고 따지듯 물었다.
"나는 그런 말 한 적이 없다"고 엉뚱한 답변을 했다.
조 회장은 김모 장관이 답변한 기록을 보관하고 있었다.
국무총리실에 민원제기를 했을 때에도 김모 장관이 답한 내용이였다.
"이렇게 답변내용이 있는데도 오리발이냐"고 따졌다.

김모 장관이 뿌리치고 승용차에 올라탈 때, 조 회장은 승용차 본닛에 올라탔다. "절대 갈 수 없습니다".
"정말 실망했다. 그런 사람이 장관이었다니… 실천을 하지 못했으면 방해는 하지 말아야지… 그 장관은 대한미용사회중앙회하고 아주 긴밀한 사이였다는 것을 익히 알고 있었다.

우리는 전 장관집 앞에서 3일 동안 자리를 펴고 밤이슬을 맞으며 집회 시위를 했다. 참으로 가슴 아픈 기억이다". 조 회장의 회고다.

보건복지부 전 장관 집 앞 시위(2004.)

○ 2006. 12. 29. 노동부 국가기술자격법 시행규칙 입법 예고

드디어 노동부가 사격기본법 시행 규칙 개정(안)(피부미용종목신설)을 입법예고 했다.
일반미용(헤어미용)에서 새로이 피부미용종목의 탄생을 예고하는 날이다.
예고기간은 15일. 보건복지부가 피부미용자격을 신설해 달라는 요청에 따라 노동부가 피부미용종목 신설하는 내용의 입법예고를 한 것이다.

인생의 길은 더디면서도 이렇게 역사가 쓰여 진다.

5. 피부미용업 탄생하다

○ 2007. 4. 5. 피부미용업이 탄생하다

2007년 4월 5일, 고대하던 피부미용업종이 탄생되었다. 정부에서는 공중위생관리법 시행 규칙을 개정하여 피부미용업을 일반 미용업으로 부터 독립하여 별도의 업종으로 신설하였다. 이로써 피부미용인들은 그토록 갈망하던 업의 독립, 조직의 독립, 피부관리사 자격까지를 모두 이루게 되었다. 공중위생관리법 시행 규칙 개정을 통한 피부미용업종의 신설, 보건복지부의 설립 허가에 따른 한국피부미용사회의 설립, 자격기본법 시행 규칙의 개정에 따른 피부관리사 자격 취득까지를 성취하였다.

이는 조수경 회장을 비롯한 회장단은 물론이고 30만 피부미용인이 한 결 같이 단결하여 이룬 투쟁의 산물이다.

끝이 보이지 않던 암울한 상황에서 시작된 외롭고 힘든 싸움에서, 1인 또는 집단 시위, 단식농성 심지어 삭발 투쟁에서 얻어진 값진 결과물이다.

○ 피부미용업무범위 정책회의

피부미용업무란 무엇이냐를 놓고 정책회의를 수차례 했다. 보건복지부 주무과장이 회의를 주도했다. 피부미용에 관심 있는 단체는 모두 참석했다. 의사협회, 피부과, 한의사, 헤어, 시각장애인협회 및 물리치료사협회 그리고 관련된 부서 실무자들이 회의에 참석 했다.

오로지 참석한 피부미용인들이 공격의 대상이었다.
"회의가 있는 날이면 언제나 우황청심환을 먹었다. 15만 피부미용인을 위해서 몸을 던져 이겨야 된다는 생각을 했다. 잘나간다고 하는 피부과 의사들의 치사함 이것이 밥그릇 싸움인가라고 생각했다. 회의는 몹시 공격적이었고 날카로웠다" 조 회장의 회고다.

마사지라는 용어는 시각장애인들의 공격과 반대가 있어 조 회장은 "마사지라는 용어는 쓰지 않겠다. 대신 매뉴얼 테크닉이란 용어로 하겠다"고 맞섰다.
많은 업무부분에서 신경전이 벌어졌지만 하나 하나 이해와 설득을 시켜나갔다.
가장 힘들었던 건 림프 관리에서의 논쟁이었다.
"언감생심 림프가 왜 피부미용업무냐" 의사들이 따지고 물었다.
쉽게 물러서지 않고 피부미용인들이 림프를 해야 된다는 설명과 타당성을 높이면서 결국 승리했다.

그리고 이론과목에서도 "기기학을 왜 포함하느냐"고 또 의사들이 반격했다.
"모든 국민은 알권리가 있다 공부하겠다는데 왜 시비냐"고 따져 물었고 결국 참석한 피부미용인들이 이겼다.
한의사협회는 경락은 본인들 것 이라고 강하게 주장했다.
"우리는 경락하는 것이 아니라 에너지 포인트를 만져주는 한국형테크닉을 하려는 것이다". 고함이 오고 갔다. 피부미용 직무를 정하는 회의는 한마디로 피 터지는 전쟁이었다.
한마디도 지지 않고, 물러서지 않아 피부미용인에게 필요한 업무 영역을 확보했다.

피부미용국가자격 시험에
이론-피부미용학, 인체해부생리학, 화장품학, 미용기기학, 법규
실기-피부분석, 클렌징, 딥클렌징, 매뉴얼테크닉, 제모, 눈썹손질, 림프, 한국형매뉴얼테크닉 등으로 정하고 정책회의는 마무리 되었다.

○ 2007. 10. 31. 피부미용사 국가자격 이론시험과목으로 피부미용기기학 채택되다

보건복지부가 국가자격 시험과목 결정을 위한 회의를 소집했다.
회의소집이 있던 날 소위 밥그릇싸움이랄까? 영역다툼이랄까?
대한의사협회, 대한한의사협회, 대한피부과개원의협의회, 대한물리치료사협회, 대한안마사협회 및 한국피부미용사회 등이 제시하는 업무범위는 서로 달랐다.

피부미용의 업무란? 신체의 피부를 아름답게 유지, 보호개선하기 위한 업무로 피부를 분석하고 화장품, 미용기기 손을 이용하여 클렌징, 각질제거, 제모, 눈썹손질, 팩, 유형별마사지 미용 경락 등을 하는 행위이다.
신체의 범위는 얼굴, 목, 어깨, 등, 복부, 팔, 손, 다리, 발…
미용기기의 정의: 미용의 목적으로 사용이 허가된 기기
피부경락 마사지의 정의: 마사지 효과를 상승시키기 위해 신체 경락의 분포를 학술적 근거에 의해 피부를 마찰하는 것
할 수 있는 것은 모두 범위를 적어 제출했다.

회의장은 전쟁터였다. 책상을 치는 사람, 삿대질을 하는 사람, 의사들은 기기 얘기만 나오면 이성을 잃고 야단법석이었다.
피부미용인 대표들은 절대 물러서지 않았다. 고함을 질렀다. 기기는 쓰지 말고, 이론도 빼라는 것이다. 회의가 진행되지 않았다. 아수라장이었다. 조 회장은 자리에 일어나 큰소리로 "실기에서는 보류한다고 하더라도 이론과목에서는 꼭 넣어야 합니다"라고 이해와 설득을 했다.

미용기기학은 이렇게 해서 이론과목에 포함되었다.

출제기준

직무분야	위생	자격종목	미용사(피부)	적용기간	2008. 1. 1. ~ 2010. 12. 31.
○직무내용 : 얼굴 및 전신의 피부를 아름답게 유지·보호·개선관리하기 위하여 각 부위와 유형에 적절한 관리법과 기기 및 제품을 사용하여 피부미용을 수행하는 직무					
필기과목명	출제문제수	주요항목	세부항목	세세항목	
피부미용학, 피부학 및 해부생리학, 피부미용기기학, 화장품학, 공중위생관리학에 관한 내용	60	4. 피부미용기기학	1. 피부미용기기	1. 기본용어와 개념 2. 전기와 전류 3. 피부미용기기의 종류 및 기능	
			2. 피부미용기기 사용법	1. 기기 사용법 2. 유형별 시술방법	

피부미용 국가자격 이론시험 출제기준(2007. 10. 31)

○ 최초 피부미용사 국가기술자격 이론시험 실시

2008년 10월 5일 15년 넘게 투쟁하여 결실을 맺은 날.

이날은 대한민국에서 최초로 피부미용사 국가기술자격시험을 실시하는 날이었다. 주요 일간지와 뉴스에도 「피부미용사 국가자격시험 실시」라는 글자로 크게 물들었다.

시각장애인들의 어떠한 돌발 상황이 있을까 몹시도 염려되었다.
협회도 시각장애인들처럼 시험장 주변에 집회신고를 해놓은 상태였다.
임원진들은 협회 근처의 시험장인 마포디자인고등학교를 방문했다. 수험자들을 격려하고 나오면서 만감이 교차하였다.

그동안의 어렵고 힘들었던 순간들이 주마등처럼 스치며 많은 사건들을 생각나게 했다.
임원진들이 플래카드를 걸고 수험자들을 축하하는 모습과 환영의 악수로 처음 실시된 피부미용사 국가기술자격 이론시험은 아무런 사고 없이 무사히 실시 되었다.

드디어 피부미용 국가기술자격 첫 시험! (2008. 10. 5)

파워 인터뷰
찬란한 역사를 말하다

백서 통해 역사의 하루 하루가 기록으로 남아

한국피부미용사회중앙회 부회장 **김영숙**

 듣기만 해도 가슴이 벅차오르는 감정을 억제할수가 없습니다.

 피부미용 역사에 지난 일들이 비디오 테잎이 감아지듯 생각할수록 조수경 회장님께 다시 한 번 고개가 숙여 집니다.

 회장님 너무 감사하고 고맙습니다.
 혼신을 다해 오직 피부미용만 생각하시어 우리의 것을 지켜 내겠다는 일념 하나로 오늘날의 한국피부미용사회중앙회가 탄생되지 않았나 싶습니다.

 잘 모르는 원장님, 일부 교수님들은 방해만 하였고, 답답한 원장들도 왜 해야 하는지도 모르는 가운데 앞장서서 외친분이 계셨기에 피부미용 역사인 15년 백서가 탄생된 것 같습니다.

 우리의 역사가 담긴 이 책 하나하나 소중했던 날들. 데모를 하며 바닥에 앉아 외쳤고, 비를 맞으면서도 한 목소리를 외쳤던 기억들이 새록새록 떠오릅니다.

 이 소중한 백서가 우리 후배들에게 영원히 가슴에 남는 책이 되리라 생각합니다.

조직의 독립 : 한국피부미용사회 탄생

1. 대한미용사회를 떠나다

○ 대한미용사회중앙회 탈퇴 논의, 통보, '대한미용사회중앙회' 떠나다

피부미용분과위원회 위원장인 조수경 회장은 대한미용사회중앙회 회장을 찾아가 미용사 국가기술자격 시험에 헤어미용 50% : 피부미용 50% 비율로 문제를 출제하고 실기는 헤어미용은 헤어미용만, 피부미용은 피부미용만 시험을 봄으로써 유효한 자격증이 되도록 하여 헤어미용인이든 피부미용인이든 모두가 대한미용사회중앙회 일원이 되게 해주도록 간곡히 요청 하였다.

그러함에도 피부미용인들이 대한미용사회중앙회로부터 벗어나 독립된 기관이 있어야할 필요성을 인식한 계기는 1998년 늦가을 노동부에서 대한미용사회중앙회로 '피부미용전문자격' 신설에 대한 의견을 조회한 공문이 왔으나 대한미용사회중앙회가 당사자인 피부미용분과위원회에 의견을 묻거나 알리지도 않고 '피부미용자격 신설'에 대한 반대 의견을 노동부로 회신했다는 사실을 뒤 늦게 알게 되면서이다.

피부미용인들은 대한미용사회중앙회 소속으로 남아 있는 한 피부미용제도화는 물론 전문가로 인정받기 어렵다는 것이 명백해진 상황이었으므로 피부미용제도화를 이루고 전문가의 권익을 보호하기 위해서는 대한미용사회중앙회로부터 독립하여 별도로 피부미용인단체가 있어야 정부나 관계기관에 피부미용인들의 의견과 목소리를 낼 수 있다고 판단하였다.

피부미용인 전체를 위하여 대한미용사회중앙회로부터 피부미용이 분리되어야 할 필요성이 있다고 하더라도 회원들의 의견이 존중되어야 했기에 민주적인 절차와 방법에 따라 다수결 원칙이 존중된 상태에서 결정되어야 했다.

이에 따라 대한미용사회중앙회로부터 피부미용분과위원회를 탈퇴하기 위한 피부미용분과위원회 전국임원들을 소집하여 대한미용사회중앙회로부터 피부미용분과위원회가 탈퇴하는 문제를 본격적으로 논의하기 시작하였다.

논의결과, 피부미용인들의 독자적인 의견이 정부 또는 관계기관에 반영되도록 피부미용인들의 독립된 단체를 만드는 것이 피부미용제도화를 앞당기는 빠른 길이라는 결론에 이르렀고, 1999년 12월 모두가 탈퇴하기로 찬성 의결하고 대한미용사회중앙회에 탈퇴를 통보함으로써 새로운 출발을 알리는 신호탄이 되었다.

지난 13년 간 함께 해온 대한미용사회중앙회와의 분리의 아쉬움이 많았지만 서로 다른 생각과 이념을 가진 사람이나 집단 속에서 피부미용인들의 권리와 권익을 보호해 줄 수 없었고, 화해와 타협의 가능성이 보이지 않는 상황이었다. 특히, 함께 하면 분쟁이 이어지고 발전이 안 된다면 서로에게 불행한 일이기에 대한미용사회중앙회로부터 피부미용분과위원회를 분리할 수밖에 없었다.

이에 대한미용사회중앙회 회장과 임원진 앞에서 '피부미용분과위원회 탈퇴'를 선언하고 정식으로 탈퇴 공문을 발송하였다.

대한미용사회중앙회 미용회관 앞에 삼륜차 1대를 세워 놨다. 분과생활이다 보니 짐은 얼마 되지 않았다.

언제나 인간에게 헤어짐의 아픔은 있다.
대한미용사회중앙회 회장 및 임원진에게 탈퇴를 선언했고, 정식으로 공문 발송까지 한 상태였다.
혹여 불상사라도 날까봐 방배경찰서 정보계장도 왔다.

삼륜차에 짐을 싣고 있는데
대한미용사회중앙회 임원 : 이게 뭐하는 짓이야
조수경 회장 : 보다시피 짐 싸는 중입니다
대한미용사회중앙회 임원 : 왜 집기류를 갖고 가 우리 건데
조수경 회장 : 우리 분과가 장만한 것입니다. 미용사회에서 사준게 아닙니다
대한미용사회중앙회 임원 : 미용사회 분과였으니 우리 꺼(악에 받친 듯 목청을 높였다)
대한미용사회중앙회 임원 : 집기류 무단 반출은 법에 걸리는 것 몰라
조수경 회장 : 만약에 법에 걸린다면 보내드리면 되겠네요.

대한미용사회중앙회를 탈퇴한 피부미용분과위원들은 방배동 먹자골목 외환은행 건물 3층, 25평 남짓한 사무실을 월세로 얻었다. 이삿짐이라고 해봐야 역대 피부분과위원장들이 고생해서 마련한 회의용 책상과 의자가 전부였다.
피부분과위원들은 3층 사무실에 짐을 옮겨놓고 다들 멍하니 앉아 있었다.

"과연 나는 무엇을 믿고 이처럼 엄청난 일을 벌였을까 기도했다. 하느님 도와주십시요 그날 밤은 뜬눈으로 밤을 지새웠다"고 조수경 회장은 회고했다.

○ 가칭) 사단법인 한국피부미용관리사협회 창립. 발기인 대회 및 발족식

2001년 2월 15일.
역사적인 날이다. 피부미용인들에게는 큰 변화를 예고하는 날이었다.
큰 현수막을 걸고, 피부미용인들이 모인 뭉침의 시작이다.

몇 천 년 만의 폭설이라고 한다.
온 천지가 하얗게 뒤덮였다.
무엇을 예고하는 걸까? 밤새 잠을 못 이룬 피부미용인들이 한 사람 한 사람 모여 1,000여 명이 교육문화회관 대회의장을 가득 메웠다. 행사가 진행되면서 여기저기서 흐느낌이 들렸다. 그동안 피부미용인들이 느꼈던 소외와 억압의 감정이 북받치면서 장내는 눈물바다가 되었다.

이상용 전임 노동부 장관께서는 축사를 해주시기 위해 양재동에서 부터 눈보라를 헤치면서 걸어 오셨다고 했다.

각 언론사 기자들은 플래쉬를 터뜨렸다. 창립식은 무거운 분위기 속에서 엄숙하게 치러졌다.
조수경 회장의 개회사 때에는 모두가 울었다.
그날의 발족식은 하얀 눈꽃을 피우면서 마무리 되었다.

(가칭)사단법인 한국피부미용 관리사협회 발족식
(2001. 2. 15, 서울교육문화회관)

○ 검찰 소환 한방피부미용사협회 창립총회 저지항의, 조수경 회장 업무집행방해죄로 되다

인생은 변화무쌍하다.
피부미용인들이 피부미용제도화를 위해 투쟁하고 있는 가운데 일부 한의사들이 한방피부미용업을 신설하기 위해 한방피부미용사협회를 창립한다는 소식이 있어 이를 중단할 것을 요청했지만, 한의사들은 우리의 그러한 요청을 거부 하고 창립식을 강행하였다.

이에 임원진들은 우리의 요구사항을 관철시키기 위해 소공동에 있는 롯데호텔의 창립식 행사장을 찾아가 창립행사를 강력 저지하였으며, 그 과정에서 서로 몸싸움이 벌어졌고 다치는 사고도 발생하였다.
한의사들은 업무방해라고 조수경 회장을 고발했다.
조 회장은 경찰 조사를 받고 업무방해죄로 벌금형을 받았으나, 이를 계기로 한방피부미용사회협회 창립은 무산되었다.

○ 가칭) 사단법인 한국피부미용관리사협회 발족식 갖고 첫 이사회

폭설 속에 발족식을 마친 1개월 후 첫 이사회 날. 회의 분위기는 파열음이 들리기 시작했다.
외부에서의 반란은 해결방법이 간단하지만 내부에서의 분란은 큰 상처였다.
앞에 놓인 산적한 문제를 해결하기에도 벅차고 힘든데 내부에서 분란이 일어났다. "조수경 회장이 추진하는 것은 국가자격인데 면허증을 갖고 있는 대한미용사회중앙회에 다시 들어가자"는 의견이었다.

어처구니가 없고 황당하기 짝이 없었다.
"자격증을 따야만 면허증으로 갱신하여 영업을 할 수 있지요"라고 이해를 시켜도 대부분의 이사들은 이해하려 하지 않았다.
면허를 대한미용사회중앙회가 주는 것도 아닌데. 왜 이렇게 답답한 소리를 하는 건지 알 수 없었다.
결국은 방해하는 것으로 결론 지었다.
"피부미용사국가자격제도화를 만들자고 대한미용사회중앙회를 나와 발족식까지 해놓고 왜 이런 분란을 일으키는 걸까? 더 독해져야 했다.
어떤 난관도 이겨내야 했다. 작은 희망은 생각이 같은 임원이 반은 있었으니까! 어차피 세상은 아군과 적군이 있는 법이니까"

이사회에 참석한 조수경 회장(2001. 3)

2. 한국피부미용사회 탄생하다

○ 사단법인 창립을 아무도 모르게 준비했다

피부미용국가자격 제도화를 위해 수십 차례 집회, 삭발, 단식농성 등을 하면서도 피부미용영업자들을 위해 준비된 단체가 없었다. 그런 상황에서 어느 누구하나 법인을 설립하자고 말하는 사람도 없었다.

피부미용자격 추진을 위해 온갖 힘든 고생 다하고 있는데 만약에 이 꿈이 이루어진다면 전국 피부미용인들의 권익보호, 지위향상을 위해 일할 단체를 만들어야 되겠다는 것이 모든 피부미용인들의 염원이었다.

두 가지의 중요한 현안이 있었다. 언제 우리의 소망이 이루어질지 모르지만 법인 설립도 준비해야 하였다.
법인설립부터 해보자 라고 생각하고 법인설립에 필요한 서류들을 갖추어서 보건복지부에 찾아갔다.
보건복지부 관계자는 피부미용전문제도도 안됐는데 무슨 단체를 만드냐는 부정적 답변과 미용인의 단체는 법에 업종별로 1개만 두기로 되어 있다고 설명했다.

피부미용전문제도가 아직 마련되지 않은 상태에서 일단 법인설립 서류를 어렵게 접수했다.

○ 2007. 4. 5. 피부미용사제도 시행발표!
사단법인 승인(허가)된 날

드디어 공식 법인단체가 되었다. 조수경 회장은 당시의 흥분된 상황을 다음과 같이 회고하였다.
9시쯤 핸드폰 전화벨이 울렸다. 보건복지부 담당과장님이셨다.
"조회장님 법인설립허가증 찾아 가십시오. 오후에 승인이 납니다"
심장이 뛰며 걷잡을 수 없었다. "예 지금 가겠습니다". "아니요 오후에 오십시오" 다리가 떨려 내가 직접 갈수가 없었다. 부회장과 사무국장을 보냈다.

따르릉…. 전화기를 들자 역시 흥분된 두 사람이 "회장님 나왔어요. 설립허가증요" "조심해서 잘 가지고 오세요" 라고 전화를 끊었다.
설립허가증을 갖고 온 그들과 얼싸안고 펄쩍 뛰면서 좋아했다.

드디어 공식 사단법인단체가 되었다.
사단법인 허가가 나오면 손가락에 장을 지진다고 했던 대한미용사회 회장들의 얼굴이 떠올랐다.
전국의 임원들을 불러 축제의 잔을 들었다.
만세! 만세! 피부미용사회 만세를 외쳤다.

우리는 승리했다.

결국 2006년 6월 28일 공중위생관리법 시행규칙 개정(안) 입법예고 (미용사(일반) 미용사(피부) 분리), 2007년 4월 5일 공중위생관리법 시행규칙 개정(안) 공포 (피부미용과 헤어(머리)미용 분리 시행),
2007년 4월 5일 (사)한국피부미용사회 사단법인 설립 허가.
1년 전부터 준비해온 허가까지 완성 시켰다.

사단법인 한국피부미용사회중앙회 현판식(2007. 4. 3)

보건복지부 제 327 호

법인설립허가증

법 인 명 : 사단법인 한국피부미용사회
소 재 지 : 서울특별시 동작구 사당1동 1032-45
대표자 성명 : 조 수 경
주민등록번호 : 520915-2470653
목 적 : 국제피부미용위원회(CIDESCO) 대응기관, 피부미용인의 지위향상과 친목 도모 및 피부미용 문화 창달에 기여
허 가 조 건 : 이면기재

「민법」제32조 및 「보건복지부 및 그 소속청 소관 비영리법인의 설립 및 감독에 관한 규칙」 제4조 규정에 의하여 사단법인 설립을 위와 같이 허가합니다.

2007년 4월 5일

보건복지부장관

사단법인 한국피부미용사회 법인설립허가증(2007. 4. 5)

○ 법인설립운영자금 1억 2천만원 대출 받다

기쁨도 잠시였다. 법인설립허가증을 받는데 법인 운영자금이 없었다.
서류를 넣을 때 운영자금 1억 원이 있다고 하였기 때문이다.

1억 2천만 원이 예금된 통장이 있어야 하는데 한 푼도 없었다.
원래 사단법인 설립 시에는 모든 이사가 조금씩 출연자금을 모아야 한다고 한다.
누구 한사람도 단돈 10만 원을 내겠다고 하는 사람이 없었다.
미래가 안보였기 때문일 것이다.
사단법인 허가증이 나오면 일주일 이내에 등기를 해야 한다.
몹시 고민이었다. 회의를 했다. 조금씩 각출 합시다. 그러나 누구도 내겠다는 소리를 않는다.

날짜는 다가오고, 조급해진 마음에 등기만료 2일전. 조수경 회장은 주거래은행인 외환은행을 찾아가 본인의 거래신용과 통장 그리고 개인 아파트 문서를 담보하는 조건으로 1억 2천만 원을 대출 받았다. 남편과 의논도 하지 않은 채로 대출을 받아 통장을 개설해서 등기를 하라고 사무국장을 보내 등기를 마쳤다.

이로써 사단법인 한국피부미용사회가 힘차게 출범하였다.

○ 사단법인 초대회장, 경선하다

피부미용사제도를 만들고 법인을 설립하기 위해 대한미용사회중앙회를 탈퇴하고 뼈 빠진 노력 끝에 이제 목적이 눈앞에 왔다.
피부미용사국가자격제도는 입법예고기간이다.

사단법인은 허가 승인이 코앞에 왔다.
내일이면 초대 회장 선출이 있는 날이다.
조 회장은 그날도 편도선이 붓고 열이 39도로 오르고 오한이 나서 이불을 뒤집어 쓰고 있었다.
핸드폰 진동음이 울렸다.
"회장님 알고 계셔요? 내일 선거 날이잖아요. 임원들 몇몇이 선거운동 하고 난리 났어요. 조 회장은 너무 오래 했으니 부회장을 회장으로 뽑자고요"라고 한 임원이 연락해 왔다. "기가 막히고 코가 깨질 듯이 충격이었다. 뜻을 이루고자 고생하고 투쟁했던 시간을 오래했다고 표현을 하다니! 어이 상실이었다"고 당시를 회상했다.

"법인 운영자금 확보가 필요해서 조금씩이라도 출현하자고 얘기 할 때는 모두가 고개 숙이고 있더니 이제 정식 출범하게 되니까 회장을 하겠다고".
선거 당일 날이 되었다.

전국 임원들이 모여 투표하는 총회 날이다.
회장선거에 출마한 조은자 부회장은 일찍부터 와서 선거 운동을 하고 있었다.
시간이 되어 참석한 조 회장은 컨디션이 그리 좋아 보이지 않았다.
회장선거는 비밀투표였다.
대의원 22명이 투표했다.
투표결과는 조수경 19표, 조은자 3표로, 조수경 회장은 사단법인 한국피부미용사회 초대회장에 당선되었다.

투표가 끝날 무렵. 노동부에서 피부미용국가기술자격 시행규칙개정(안)을 입법예고 하였다.

○ 사단법인 한국피부미용사회 창립식

2007년 4월 18일. 여의도 63빌딩 국제회의장은 사단법인 한국피부미용사회 창립식에 참석하기 위해 많은 축하객들이 장사진을 이뤘다.

국회의원, 정부관계자, 공중위생단체장, 화장품회사관계자, 언론사 회장 및 기자 등을 포함한 외빈 및 1,200여명의 회원들로 열기가 가득했다.

창립식 대회사를 읽던 조 회장은 목이 메어 한참을 말을 잇지 못했다. 참석한 모든 이들의 격려와 응원의 박수가 이어졌다.

회장과 임원진 모두 오랜 세월 투쟁과 역경으로 이겨낸 그날은 누구나 너그러이 용서할 수 있는 날이였다.

사단법인 한국피부미용사회 창립식 (2007. 4. 18, 63빌딩)

파워 인터뷰

찬란한 역사를 말하다

한국피부미용인 역사를 총망라한 역사 서적

한국피부미용사회중앙회 부회장 **장정인**

 쉬임없이 끊임없이 한 평생을 피부미용인의 선각자로써 조수경 회장님의 헌신적 노고에 머리 숙여 감사를 드립니다.

 누가 개인 사비로 한국피부미용인을 세울 생각을 할수 있었을까요.

 누가 여자의 상징인 머리를 삭발하며, 수많은 시위와 투쟁으로 국가기술자격증을 만들어 피부전문인을 만들수 있었을까요.

 누가 세상에 시데스코 국가자격증을 자비를 들여 한국지부를 설립하여 협회에 이양 할수 있었을까요.

 누가 모법이란게 독립된 피부산업으로 거듭난다는 걸 알고 수많은 국회방문과 보건복지부를 설득시켜 성공할수 있었을까요.

 누가 피부미용의 NCS 직무능력평가를 조목조목 완벽하게 업무를 확대하여 만들어 낼 생각을 할수 있었을까요.

 누가 피부미용기기(KC 인증) 받은 것을 공중위생관리 사업법안에 지침 사용으로 외치며 피부미용인의 권익과 피부미용 산업발전을 위해 한 평생 바칠수 있을까요.

 누가 기능장의 필요성을 외치며 피부미용인의 권익과 피부미용 산업발전을 위해 한 평생 바칠수 있을까요.

 수많은 소용돌이와 격동의 이 시대를 잔다르크 처럼 우리를 위해 애쓰고 이끌어 주신 회장님을!

 우리가 전쟁을 이기기 위해 장수를 바꾸지 않고 싸워야 하듯이, 더욱 하나 되어 피부미용인의 역사책 백서 발간을 통해 회장님의 발자취를 잘 따르고 잘 배우고 익혀서 영원히 보전하고 널리 전하길 바랍니다.

제3장. 발전기

1. 이론적·실질적 제도의 틀을 갖추다
2. 실적 개선을 위해 쉼없는 노력을 펼치다
3. 업의 활동 영역을 넓혀 나가다
4. 세계로 뻗어가는 K-Beauty,
   그 중심에 피부미용이 자리하다

1. 이론적·실질적 제도의 틀을 갖추다

○ 2008. 10. 5. 피부미용사 국가고시 이론시험 최초로 실시한 날

2008년 10월 5일.

대한민국에서 최초로 피부미용사 국가고시 시험이 치러진 날이다.

날짜를 공고한 후 산업인력공단 실무책임자들은 불안하고 초조하다며 전화가 왔다.
시각장애인들이 시험 당일 집회신청을 해 놓았다고 전했다.
혹시나 걱정되는 마음에 협회도 집회신고를 접수했다.

조 회장은 임원들에게 "걱정하지 마세요. 제가 다 책임질게요"라고 안심시켰다.
시험 당일 서울시 마포구에 소재한 마포디자인고등학교를 비롯, 전국 1,665개 시험 장소에서 66,543명이 동시에 시험에 응시했다.
협회 회장과 부회장 등 임원 몇몇이 마포디자인고등학교 시험 장소에 찾아가 응원과 격려를 해주었다.

그간의 세월이 머릿속에 스쳐가며 오만가지 사건들이 머릿속을 색칠하고 있었다.
이날을 위해 온갖 역경을 참아야 했다.
오늘 무사히 시험이 끝날 수 있게 해달라고 기도를 했다.

뷰티업계 전문지는 물론 중앙 일간지에도 「국가자격시험피부미용시행」이라 보도하였다.
전국 어느 곳에서도 시각장애인들의 집회는 없었다.

최초 실시된 피부미용사국가기술자격 이론시험은 무사히 종료 되었다.

드디어 피부미용 국가기술자격 첫 시험! (2008. 10. 5)

○ 마사지는 안마 행위다

보건복지부 직역 간 업무범위 관련 정책회의 날.
피부미용사회에서는 정책회의에서 한국형 마사지를 피부미용사 국가고시 실기과목에 넣어야 한다고 주장하여 관철하였다.

이후 어느날 보건복지부 담당과장한테서 조 회장에게 전화가 왔다. "조수경 회장님 지금 난리가 났어요. '장관님께서 조수경 회장 그렇게 안 봤는데 결국은 한국형 마사지가 경락이라면서요'라고 하면서 지금 당장 들어오라고 호통을 치신다"고 했다.

"누가 경락이라 합니까".
"한국산업인력공단 출제실 홈페이지에 한국형 마사지에 경혈점이 떴다는 겁니다".
"아닙니다. 우리는 절대 경락을 하는 것이 아닙니다". 사실인즉 출제기준이 정해지고 교수들과 출제기준 마지막 회의가 있을 때 교수들이 한국형 마사지는 경혈을 공부해야 한다고 얼굴에 있는 경혈점을 모두 출제기준에 공개한 것 때문이었다.

산업체가 어떻게 방향을 이끌어 가는지 모르고 다 된 밥에 코 빠뜨렸다.
조 회장은 담당과장을 찾아가 "한국형 마사지를 보류하겠습니다. 이번 시험에서 빼겠습니다"

그날 안마사들은 2호선 지하철을 가로막고 한강에 투신하겠다고 야단법석이었다.
당시 회의에 참석한 교수들 때문에 한국형 마사지가 사라지게 되었다.

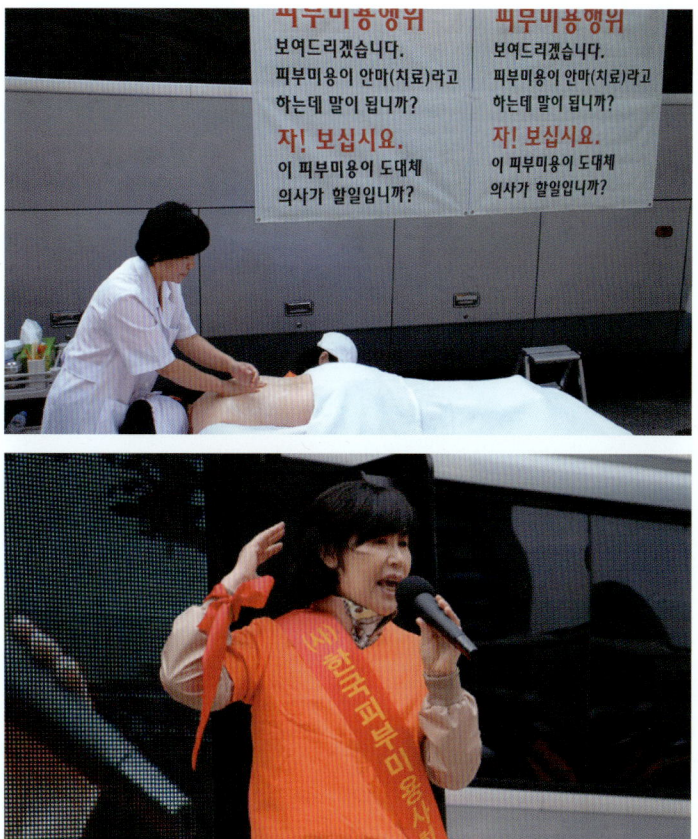

피부미용제도 정착 방해하고 의료제도과 유권해석 철회 촉구
결의대회(2008. 9. 1~5)

○ 2008. 9. 1. ~ 5. 청와대 앞에서 시위를 하다

'피부미용제도 방해하는 의료제도와 유권해석 철회촉구'를 외치며 전국 임원진 300여 명이 청와대 앞으로 모였다.
시각장애인 주무과인 의료제도과는 국가자격시험 1개월을 앞두고 피부미용업무는 얼굴만 하라고 억지 주장을 하였다. 보건복지부의 유권해석을 받아야 된다고 생각했다.

한여름 뙤약볕에 5일 동안 보도블록 위에서 신문지를 깔고 노숙을 했다. 술 취한 취객들이 발로 신문지를 걷어차기도 했다.
시위기간 중 2번에 걸쳐 의료제도과와 미팅을 갖고, 피부미용업무에 대한 유권해석을 시각장애인에게 전달해 달라고 요구했다.

우리는 청와대 앞에서 시위를 하고, 시각장애인들은 마포대교에서 한강으로 투신한다고 시위를 하고 있었다.
집회 5일째 되던 날 보건복지부에서 협회로「피부미용은 얼굴, 팔, 다리 등… 신체부위를 관리하는 업무이다」라고 규정한 피부미용업무 유권해석 공문이 왔다. 보건복지부 장관의 유권해석을 받고나서 우리는 집회를 해산했다.

○ 산업체 무자격 피부미용사들 피부미용국가자격시험 감독위원 이렇게 만들어지다

피부미용국가자격시험 초기에는 헤어미용을 하는 사람들한테 피부미용평가를 받아야 하는 상황이었다.

국가기술자격법 시행규칙 (별표 16 시험위원자격)에서 미용사자격증을 갖고 경력 10년 이상 된 사람만이 감독위원이 될 수 있었기 때문이다.
"어쩌지? 피부미용자격시험을 볼 때 헤어미용사들에게 평가를 받는다고? 이건 아니지" 라고 판단한 조 회장은 노동부에 공문을 보냈다.

피부미용은 타 종목과 형평성이 달라 현행기준법에는 맞지 않으니 피부미용분야에서 10년 이상 종사한 사람은 감독/시험위원으로 참여할 수 있게 해야 된다는 의견서를 제출했다.

노동부는 조 회장의 의견을 받아 들였다.
바로 국가기술자격법 시행규칙 (별표 16) 피부미용, 시험위원자격개정(안)을 입법예고 했다.

그리하여 전국에 있는 피부미용사 국가자격증이 없는 피부미용인도 감독위원으로 위촉받을 수 있게 되었다.

○ 대한의사협회의 헌법소원청구에 맞대응 하다

대한의사협회가 피부미용사제도화는 국민건강을 위해한다고 주장하며 위헌이라고 헌법소원을 제기했다. 국가자격시험이 얼마 남지 않은 시점에서 소위 잘 나간다는 의사들이 뭉쳐 헌법소원을 청구했다.

피부미용인들은 또 다시 어깨띠를 두르고 피켓을 들고 1인 시위를 했다. 시위는 의사협회 건물 앞, 의사협회 회장 집 앞, 헌법재판소 앞에서 묵언의 시위를 했다.
시위와 함께 대한의사협회의 헌법소원청구에도 맞대응 했다.
피부미용인의 생존권을 지키기 위해 대국민 성명서도 냈다.
보건복지부와 협회는 피청구인으로서 보조참가 신청서를 제출했다.
의사들만 사는 세상처럼, 어렵게 갖은 고난과 역경을 딛고 피부미용제도화를 마련하여 시행하고 있는데 축하는 못해줄 망정 심판청구서를 내는 것을 절대 용서할 수 없었다.

협회는 4대 일간지 그리고 YTN 등이 참석한 자리에서 기자회견을 가졌다. 의사들의 비열함을 토해냈다.

하늘은 피부미용인을 도왔다.
얼마 후, 대한의사협회는 청구했던 헌법소원을 취하했다.

대한의사협회 '피부미용사제도 위헌' 헌법소원심판청구서

대한의사협회 '피부미용사제도 위헌' 헌법소원심판청구
철회 요구 항의 시위(2008. 8. 4~10)

○ 피부미용이론, 실기교본을 만들다

그토록 바라던 피부미용자격제도가 신설, 시행 되었으나, 피부미용인들에게는 이론과 실기를 정리한 교본이 없었다.

협회는 하루속히 이론과 실기를 정리한 교본을 만들어야 했다.
협회는 6개월에 걸쳐 직무단위 별 직무를 서술하고 여러 번 편집과 탈고를 거쳐 교본을 만들었다.
교본이 완성되기까지는 수많은 밤샘작업이 이어졌다.

미래 피부미용인들이 꿈을 갖고 응시하는 국가자격시험에 많은 도움이 될 수 있는 교본을 만들고자 현장실무 15년 이상 경력자들을 교본제작에 참여시켰다.

완성된 교본은 '피부미용 표준 실기교본'이라고 이름을 붙였다.
출판기념회도 소박하게 했다.
협회는 피부미용인들의 편의를 위해 계획된 일들을 하나씩 차근차근 실천해 나갔다.

피부미용사 표준 실기교본 출판기념회(2007. 9. 18)

○ 2007년 국제기능올림픽대회 피부미용직종 참가제안서 내다

국제기능올림픽 종목에 2005년부터 피부미용직종이 포함되었다.

대한민국에서 피부미용제도는 기득권자들의 반대 때문에 추진이 어렵게 진행되고 있었지만, 피부미용인들의 섬세한 손기술은 이미 산업체에서는 잘 알려져 직업으로 일을 하고 있어 국제기능올림픽에 선수를 발굴해서 참가시키는 것이 옳다고 판단되었다.

이에 협회는 2007년 제 39회 국제기능올림픽대회 참가 제안서를 작성하여 한국산업인력공단 국제기능올림픽팀에 제출했다.
한국산업인력공단에서는 협회로 국제기능올림픽 참가관련 회의에 참석하라는 통보가 왔다.
2007년 제 39회 국제기능올림픽 피부미용직종 참가여부에 대한 논의 회의가 2006년 8월 30일 열렸다.

분야별 전문가로서 기술위원장, 관련 분과장, 한국피부미용사회회장, 신흥대학뷰티아트디자인과 교수, 충청대학피부미용과 교수, 출제실 연구원 및 해외취업자지원센터장 등이 회의에 참석하였다.

회의 참석자 중에서는 "피부미용 전문자격제도도 없는데 무슨 국제기능올림픽에 출전시키느냐"며 조 회장에게 성급하다고 비웃었다.
피부미용전문자격화를 추진하는 회의에서도 반대했던 교수이니 당연히 반대로 몰고 가는 분위기였다.

그날도 역시 "시기가 아니다, 조 회장님 성급하신 거 아시죠".
도대체 피부미용 후학을 양성하는 교수가 맞을까 하는 의문이 들었다.
어째서 매번 그런 사고를 가진 교수를 회의 때마다 참석시키는지 공단이 의심스러웠다.

결론은 피부미용국가자격 전문화가 되면 그때 기능올림픽종목으로 넣는 것으로 회의가 끝났다.
그 후 2008년 10월 국가자격시험 실시 후 기능올림픽종목에 포함되었다.

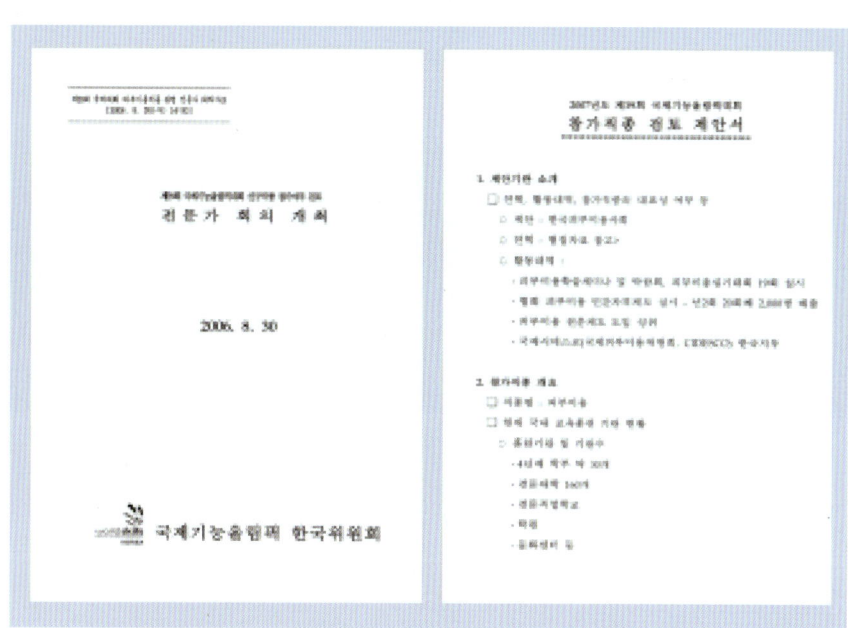

국제기능올림픽 전문가 회의 개최 및 참가종목 검토제안서(2006. 8. 30)

2. 실적 개선을 위해 쉼없는 노력을 펼치다

○ 피부미용 학술연구 임상발표회를 갖다

2000년 피부미용제도화 추진을 요구하고 피부미용인의 권익보호를 위해 협회 독립을 외칠 때부터 피부미용이 여성의 전문 직업분야이자 산업으로 성장하고, 고객에게 양질의 피부미용서비스를 제공하기 위해서는 임상 데이터베이스와 학술적 근거에 의하여 서비스가 이루어져야 했다.

물론 주변에서는 아직 피부미용제도화도 이루어지지 아니 했는데 학술세미나 임상발표회를 갖는 것은 시기상조이라면서 비난하는 등 부정적인 시각이 많아 매우 어려웠다.

그렇지만 피부미용분야는 학교 교육이 기초가 된 것이 아니라 산업현장의 영업자 중심으로 형성되었기에 임상발표가 필요했다. 따라서 협회는 학교에서 양성될 후배 피부미용인들에게 넘겨주어야 할 피부미용기술의 기본적인 근거를 마련하고자 시작한 것이다.

어느덧 해를 거듭하여 올해로 14회째가 되었다. 해마다 참여자와 발표자들의 임상자료는 회를 거듭해 가면서 양질의 자료로 쌓여, 후배 피부미용인들과 일선 산업현장 영업주들에게 아주 좋은 임상 사례가 되고 있다.

제10회 피부미용 학술연구·임상발표회(2011. 12. 1, 서울교육문화회관)

○ 2007. 4. 5. 전문화 시행이후 끝임없이 양질의 제도화 추구

2008년 6월 30일 공중위생관리법 시행령 제4조에 업종구분 및 시설기준이 신설되었다.

공중위생관리법 시행규칙에서 미용을 일반미용(헤어)업과 피부미용업으로 분리한 후 6개월 만에 공중위생관리법 시행령에서 미용을 일반미용(헤어)업, 피부미용업, 종합미용업으로 분리·신설하였으며, 이로써 업종을 피부미용업으로 영업허가를 받을 수 있는 근거 규정이 마련되었다.

협회는 더 나아가 '공중위생관리법 시행령에 규정하고 있는 피부미용업을 공중위생관리법에 정의·규정해야 한다'는 내용으로 국회에 청원서를 제출하였다.

피부미용업 시설기준에 칸막이를 할 수 없는 조항을 삭제하고 칸막이를 허용하되 출입문의 3분의 1을 투명하게 하여 칸막이를 할 수 있게 함으로써 피부미용서비스의 질적 수준을 높였다.

미용기기제도화를 위한 토론회 및 공청회를 수차례 개최하는 한편 국회에 입법청원을 꾸준히 한 결과 2012년 12월 '피부미용기기제도 필요성'에 대한 입법청원을 국회 남인순 의원의 소개로 국회에 제출하였으나 회기만료로 폐기되었다.

○ 2007. 5. 29. 피부미용시설기준 관련 전문가 토론회

2007년 5월 29일 '뷰티산업 발전발향 피부미용실 시설기준 관련 전문가토론회'를 개최 하였다.

국가기술자격법에 따라 별도로 피부미용사 국가기술자격 시험이 실시되는 전문업에 대한 시설기준이 없고 일반미용(헤어)의 시설기준과 동일하다는 것은 피부미용의 직무를 사실대로 평가받지 못한 배경에서 비롯된 것이므로 국가기술자격제 시행에 맞추어 피부미용업에 맞는 시설 및 설비기준으로 개선되어야함이 필요하다는 전문가 토론회를 개최하였고 정부에 건의하기로 하였다.

피부미용실 시설기준에 관한 전문가 토론회(2007. 5. 29)

○ 2007. 10. 11. 피부미용제도 개선위원회 회의

피부미용제도화 시행을 앞두고 보건복지부(생활위생팀) 주관으로 피부미용의 업무범위를 논의하는 "피부미용제도 개선위원회"를 개최하였으며, 보건복지부 생활위생팀장·의료정책팀장·의약품정책팀장, 식약청 의료기기안전정책팀, 대한의사협회, 대한안마사협회, 대한한의사협회, 대한물리치료사협회, 한국보건산업진흥원, 한국피부미용사회 회장이 참석하였고 벌써 1차 회의, 2차 회의, 3차 회의, 4차 회의…시행을 앞두고 업종 간 조금씩 맞물린 업무를 놓고 치열하고 긴장된 회의가 연속으로 개최되었다.

피부미용제도화 시행만 되면 조금은 쉽겠지 했던 것이 피부미용의 업무범위 회의를 거듭할수록 어불성설(語不成說)임을 실감하게 되었고 업무범위가 큰 만큼 참석 단체도 많고 단체 간에 맞물린 부분이 모두들 자기영역이라고 주장하고 있어 정말 피 터지는 전쟁의 현장이나 다름 없었다.

예를 들어 '마사지'라는 용어가 논의되자말자 시각장애인협회 참석자가 책상을 치고 물 컵을 던지려는 행동이 있어 회의장은 한동안 아수라장이 되었으며 '마사지'이란 용어를 피부미용인이 쓰지 못하게 하는 단체가 있는 나라는 대한민국뿐이다.

그러나 이러한 용어문제가 피부미용제도화 시행전반의 문제로 연결되어 제도화를 지연시킬 수 없다는 절박함으로 빠른 분위기 전환이 요구되어 "마사지 용어를 사용하지 않겠다"고 발언했다. 회의를 진행하던 과장(보건복지부 생활위생팀장)이며 피부미용에 있어서 "마사지"는 중요한 용어임을 알고 있었으므로 그 용어를 사용하지 않겠다는 말이 맞는지 재확인과 더불어 "그럼 어떤 하시겠습니까?"라는 질문이 있었고 조수경 회장은 피부미용업은 "매뉴얼테크닉"이라 대체용어를 쓰겠다고 답변함으로써 시각장애인협회도 항변할 수 없어 "그러면 그렇게 쓰십시오! 그럼 반대하지 않겠습니다."라고 결론이나 지금까지도 피부미용사 국가기술자격시험에 "마사지"용어 대신 "매뉴얼테크닉"이란 고급스럽고 신선한 용어를 사용하게 되었다.

혹시 새로운 용어이기에 산업체나 교육과정에서 약간의 혼선이 있을 수도 있겠지만 오히려 신선하고 고급스럽게 생각하고 보급에 앞장 서 주시기를 바란다.

○ 2008. 6. 30. 공중위생관리법 시행령 업종세분화 신설

2008년 피부미용사 국가기술자격 시험이 별도로 실시되고 있는 현실을 일반미용(헤어)인들은 받아들이지 않고 끊임없이 반대하였다.

협회는 보건복지부에 "왜 피부미용업을 하는데 미용업으로 신고를 해야 하느냐"며 질의를 통해 업종세분화 추진에 박차를 가했다. 그 결과 2008년 6월 30일 미용을 일반미용(헤어)업과 피부미용업으로 업종을 세분화하는 내용이 공중위생관리법 시행령 제4조(법 제2조제2항)에 신설 확정 되었고 이에 따라 미용업으로 신고를 하지 않고 피부미용 영업자로 신고하게 되었다.

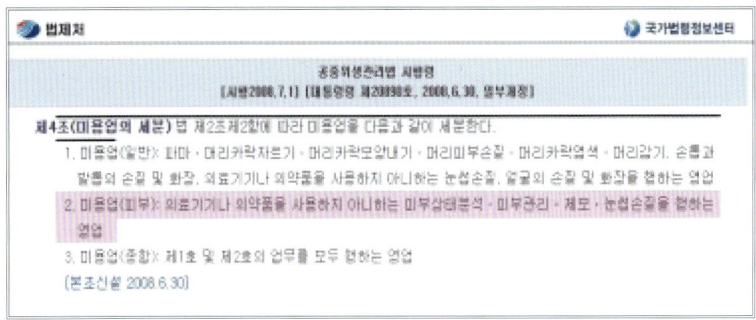

공중위생관리법 업종세분화 신설(2008. 6. 30, 법제처 홈페이지)

2007년 시행규칙 전문화에 이어 공중위생관리법 업종세분화 피부미용 시행령 확정 축하 (2008. 6. 26)

3. 업의 활동 영역을 넓혀 나가다

○ 2013. 1. 7. 국회에 미용기기제도화 입법청원서 제출하다

 2000년 피부미용제도화 추진을 요구하고 피부미용인의 권익보호를 위해 협회 독립을 외칠 때부터 피부미용이 여성의 전문 직업분야이자 산업으로 성장하고, 고객에게 양질의 피부미용서비스를 제공하기 위해서는 임상 데이터베이스와 학술적 근거에 의하여 서비스가 이루어져야 했다.

 물론 주변에서는 아직 피부미용제도화도 이루어지지 아니 했는데 학술세미나 임상발표회를 갖는 것은 시기상조이라면서 비난하는 등 부정적인 시각이 많아 매우 어려웠다.

 그렇지만 피부미용분야는 학교 교육이 기초가 된 것이 아니라 산업현장의 영업자 중심으로 형성되었기에 임상발표가 필요했다. 따라서 협회는 학교에서 양성될 후배 피부미용인들에게 넘겨주어야 할 피부미용기술의 기본적인 근거를 마련하고자 시작한 것이다.

 어느덧 해를 거듭하여 올해로 14회째가 되었다. 해마다 참여자와 발표자들의 임상자료는 회를 거듭해 가면서 양질의 자료로 쌓여, 후배 피부미용인들과 일선 산업현장 영업주들에게 아주 좋은 임상 사례가 되고 있다.

피부미용업 정의 및 미용기기근거 마련을 위한 공중위생관리법 개정에 관한 청원

쉴 새 없이 도전해야 한다.

끊임없이 노력해야 한다.

여전히 피부미용은 전문화만 인정됐지 미용업에 속해 있다.

항상 머릿속에는 하루 빨리 독립된 피부미용업종으로

세분화 시켜야지 하는 생각을 하고 있었다

그리고 세계적 추세에 발맞추려면 미용기기근거 마련을 해야 한다.

드디어 청원을 의뢰했다.

국회 더불어민주당 남인순 의원을 찾아가서 요청하여

청원을 대표 발의 해주겠다는 승낙을 받았다.

결코 쉬운 일은 아닐 텐데. 라고 생각하면서도

이해시키고 도전하는 집념을 게을리 하지 않았다.

○ 2013. 7. 대통령께 "미용기기제도화" 청원하다

조수경 회장은 피부미용영업자들의 생존권과 권익보호를 도모하기 위해 2013년 1월 피부미용업과 일반(헤어)미용업을 분리하고 미용기기 사용을 제도화하는 것을 내용으로 하는 '공중위생관리법 개정(안)'을 국회에 제출하고, 대통령의 관심을 촉구하고 보건복지부로부터 합의를 이끌어내기 위하여 청와대에 2013년 7월 15일 청원하였다.

> 안녕하십니까?
> 대한민국을 행복한 나라로 만들기 위해서 불철주야 노력하시는 모습을 보면서 국민으로서 존경하며 사랑의 마음을 전합니다.
>
> 저는 (사)한국피부미용사회중앙회 회장 조수경입니다.
> 우리협회는 보건복지부로부터 사단법인 허가를 받고 전국 공중위생관리법을 적용받는 35만 피부미용인들의 법인단체입니다.
>
> 요즘 세계적으로 에 대한 관심이 확산되면서 뷰티산업은 국내 뿐 만아니라 새로운 관광 및 수출 콘텐츠로 높은 성장잠재력을 지니고 있습니다. 또한, 고용창출의 효과가 아주 큰 서비스 산업으로 일자리 창출에도 기여가 높게 평가되고 있습니다.
>
> 저는 피부미용이라는 여성의 전문 직종으로 인정받을 수 있도록 국가기술자격법에 의한 피부미용 직종이 제도화 되도록 입법을 하여 탄생시킨 본인입니다. 2007년 4월 5일자로 전문화가 되면서 피부미용영업자 단체설립을 허가 받았고 6년이 지났습니다.
>
> 2008년 10월 1일 첫 피부미용 국가자격시험 실시 이후 4년간 통계확인 결과 응시자 30만 명이 넘었고 자격취득자 13만 명이 되었습니다. 제가 이렇게 대통령님께 글을 올리는 것은 뷰티산업인 (피부미용인)의 대표로서 너무 답답한 마음 더 견디기 힘들어 전국 35만 피부미용인의 마음을 전하고자 합니다.

경기 침체가 장기화되고 있음에도 매년 뷰티산업 규모가 성장하고 있는 것은 미에 관심이 커지고 뷰티산업에 대한 세계적 관심이 높아졌기 때문이라 생각합니다. 피부미용인들의 기술력 또한 세계적으로 인정할 만큼 발전하였습니다.

2011년 영국 기능올림픽에 대한민국 최초로, 저는 선수를 지도한 공적이 인정되어 국제심사위원으로 참가하였던 바도 있습니다.
21개 국가 중 세계 4위를 하여 선수가 대통령 포상을 받기도 했습니다. 국제무대에 첫 경험이 없기 때문에 메달권에는 실패했습니다만 우수상을 받게 되었습니다. 이만큼 우리나라의 피부미용 기술력은 이미 세계적으로 인정받고 있습니다.

전국적으로 지자체에서나 보건복지부에서 뷰티산업에 대한 관심과 정책을 많이 세우고 또한, 예산도 적지 않게 편성되고 있는 걸로 알고 있습니다. 그러나 진정 뷰티산업의 발전에 가장 문제가 무엇인지도 모르고 있는 것 같습니다.

2009년 10월 보건복지부 주최 이명박 정부의 국가경쟁력 강화위원회에 주관,「여성일자리 창출을 위한 뷰티산업경쟁력 강화방안에 대한 정책 추진회의」를 몇 차례 하였습니다.

원년입니다. 뷰티산업 등에 가장 중심인 피부관리 서비스산업은 최근 급성장 중에 있고 여성들이 전문성을 발휘하여 일자리 창출도 되면서 해외로 우수인력이 진출하여 국부를 창출할 수 있는 유망한 분야입니다. 전국 피부미용과 대학에서도 피부미용기기에 대한 교육과정이 있습니다.

존경하는 대통령님,
국민소득 수준향상 및 감성소비 등에 비례하여 국내외적으로 성장 추세에 있는 신 성장 동력산업임에도 국내에서는 영세직종으로 인식되고 있는 것도 이러한 문제점이 대두 되고 있는 바입니다.

> 피부미용 서비스 산업의 경쟁력 강화를 위해 피부미용기기제도 개선이 시급하다고 판단됩니다. 이것은 개인의 어떠한 매출 문제가 아니라 산업발전의 문제라고 판단됩니다.
>
> 부디 헤아려주셔서 뷰티산업 정책이 예산으로만 쓰여 지지 않고 진정 산업발전이 무엇이 문제인가를 판단하셔서 도와주시길 간청 드립니다.
>
> 부족한 저의 글, 받아주셔서 감사드립니다.
> 회신하여 주시면 더욱 감사하겠습니다.
>
> 2013년 7월 15일
> **조수경**

○ 2013. 9. 국회 국정감사에서 "미용기기제도화 마련" 대정부 질문

피부미용영업자들의 생존권과 권익보호 도모하는 일은 한시도 멈출 수 없는 일로 협회는 2013년 1월 피부미용업 정의 및 미용기기사용 근거 마련을 위한 공중위생관리법 개정에 관한 입법청원을 한 이래 7월에 대통령께 청원서를 제출하였다.

이어서 그해 9월에는 국회 국정감사를 통해 '미용기기제도'에 대한 관심을 촉구하고 근거 마련을 이끌어 내기 위하여 보건복지부 장관을 상대로 대정부 질의를 해줄 것을 국회에 요청하였다.

사단법인 한국피부미용사회 중앙회

국정감사, 대정부 질문 복지부 장관께 질의요청

1 미용기기 제도 근거 마련

☐ (1) 현행 제도 문제점

- 피부미용 산업의 선진화 및 경쟁력 강화, 서비스 질 향상을 위해서는 새로운 기술 및 국제화 시대에 맞도록 기기를 사용하여 경쟁력을 강화 하는 것이 필수이나, 현행제도는 이를 반영하지 못하지 있는 상황임.

- 현재 대부분의 피부미용 목적으로 쓰는 기기는 의료기기로 분류되어 있는 상태이나.

- 현행 의료기기 법상 의료기기의 사용자에 대한 제한은 없는데도, 사용행위가 의료행위로 해석되어져 뷰티산업 발전에 큰 악영향을 미치고 있으니. 뷰티산업 발전 정착을 위한 미용기기 제도 마련이 시급한 상태임.

❏ (2) 피부미용 서비스를 받는 국민들의 입장 관점

- 뷰티서비스를 받기 원하는 국민은 행복할 권리가 있음.

- 모든 국민은 피부미용 서비스를 충족하게 받고 싶어 하고 있으며, 세계적 트렌드인 미용기기로 서비스를 제공받음으로써 심리적으로도 행복감을 느끼고 싶어 한다.

- 피부미용 서비스를 제공하는 전문 피부미용실에서는 병원보다 훨씬 저렴한 비용으로 미용목적인 서비스 비용만 지불하고 있으며
- 병원에서는 병원이라는 명분으로 의료기기를 미용목적으로 사용하면서도. 치료목적으로 둔갑하여 의료수가를 챙기고. 또한 국민은 비싼 비용을 지불해야하는 경제적 부담을 가져야 한다.

- 만약. 미용기기 제도 근거 마련이 되지 않는다면 피부미용실 자체에서 서비스 제공에 만족하지 못하고 미용목적과 별도인 치료비용을 크게 부담하면서 이중 비용을 지불해야 하는 국민 행복 서비스 욕구를 채우지 못하게 되는 상황임.

2 무면허 피부미용 영업자 단속 질의 요청

❏ (1) 정상적으로 운영하는 피부미용 영업장이 단속 되고 있는 현실

- 현행 공중위생관리법 시행령(4조)에 따르면 미용업은 피부미용업. 종합미용. 일반미용으로 세분화되어있다.

  (2007.4.5. 시행규칙 개정)

- 2008년 피부미용 국가자격 전문 제도 도입이 되고. 국가 기술자격법에 피부미용 허가 및 영업은 피부미용 국가 자격 취득자만 개설할 수 있다고 되어있다.

- 전문제도 7년째 임에도 아직도 무허가 영업자들이 수도 없이 많지만 정식으로 허가를 내고 영업을 하고 있는 영업주들이 많은 피해를 보고 있으니 무허가 영업주들에 대한 대대적인 단속을 실시해줄

것을 요청함.

3. 외국인 취업비자 발급에 관한 문제점

- 외국인이 한국에 입국할 때, 법무부에서 취업비자로 발 마사지 비자를 발급해준다.
- 현행 국내에서는 공중위생관리법상 피부미용은 얼굴 및 전신의 피부를 관리하는 업무이며,
- 별도의 발마사지 자격은 존재하지 않는데도 불구하고, 근거도 없는 발마사지 비자를 발급함으로써
- 국내에 들어와서 또 다른 많은 문제를 일으키고 있다.

4. 노동부에서 발급하는 F4 비자의 문제점

- 법무부에서 발급하는 발마사지 비자를 발급받아 국내 체류 연장을 위하여 노동부에서 F4비자를 발급받아 전문 뷰티산업의 질적 수준을 훼손하고, 불법 마사지 실을 전전긍긍하며 퇴폐영업을 하고 있는 문제에 대하여 발마사지 취업비자를 중단하길 바라며 질의 요청함.

국정감사, 대정부 질의 요청 내용

○ 2014. 3. "미용기기제도화"를 위한 보건복지부 간담회 요청

협회는 정부로부터 정식 승인된 피부미용영업자단체의 지위로써 2014년 3월 24일 주무부처인 보건복지부에 피부미용인들의 현안과제인 '미용기기제도화'에 대한 정책간담회를 개최하였다.

간담회를 통해 협회에서는 정부에 미용기기사용제도화 및 피부미용업의 정의를 모법인 공중위생관리법에 규정하여 줄 것을 요청하였다.

보건복지부 간담회
회 의 자 료

'14.3.24. (사)한국피부미용사회 중앙회

1. 미용기기 법·제도 마련 요구
- 2009년 정부 정책 시도했던 부분 : 국가경쟁력강화위원회 주최.
  - 뷰티산업의 문제점 지적.
  - 주제 : 여성일자리 창출을 위한 뷰티산업 경쟁력 강화.

- 문제점
  - 법·제도 측면 : 현실을 반영하지 못하는 불합리한 법·제도 운영. 미용기기분류, 관리 등에 대한 근거 미비로 일부 미용기기의 경우 의료기기로 분류되어 사용에 제한을 받음.(VIP 보고사항)

2. 공중위생관리법에 피부미용업으로 정의 개정 요청함
- 이유
  - 2007년 4월 5일자 시행규칙 개정. 미용을 일반미용, 피부미용으로 분리.
  - 2008년 6월 30일 시행령(4조 3항) 신설.
    업종구분 : 일반미용, 피부미용, 종합미용으로 구분.
  - 국가기술자격법에 별도의 자격종목으로 시험을 치르고 있음.
  - 일반미용과 피부미용은 직무 자체가 엄연히 다르므로 법에서 독립된 업종으로 정의하여야 마땅하다고 판단됨.
  - 뷰티산업 활성화 방안 정책은 물론, 피부미용 업무에 대한 충분한 이해가 된다고 판단되어 짐.

미용기기제도화 마련

4. 세계로 뻗어가는 K-Beauty, 그 중심에 피부미용이 자리하다

○ 국제 CIDESCO 한국 지부 박탈

국제 CIDESCO는 세계43개국의 피부미용단체가 정회원으로(지부) 가입한 기구이면서 스위스 취리히에 본부를 두고 있는 국제 민간기구이다.

세계 피부미용인으로만 모여진 62년의 역사와 전통이 있는 기구이다. 세계적으로 피부미용이라는 교육기준근거, 산업기준근거를 마련한다고 보면 된다.
국제 CIDESCO 운영은 완벽에 가까운 정도이고 피부미용인이라면 누구나 선망의 대상으로 명성이 높은 기구이다.

조수경 회장은 1999년 국제 CIDESCO 싱가폴 총회에 처음 참석하였다.
역대 대부분의 피부미용분과위원장들이 위원장이 되면 참석하였듯이 조 회장 역시 위원장으로 당선되어 총회에 대한민국 대표로 참석하였다.

총회는 매년 각 국가별로 번갈아서 개최되는데 한국에서도 총회를 유치하고 싶었다.
2000년 이태리 총회 때에 바로 유치계획서를 작성하여 프리젠테이션을 하였다.

드디어 2002년 영국 총회에서 '2005년 한국 시데스코(CIDESCO) 총회 유치'라는 쾌거를 올렸다. 총회 유치를 위하여 8개국이 경합한 가운데 가입국 38개 국가가 투표에 참가한 최종 2차 투표결과 과반수 이상의 국가가 한국의 손을 들어 주었다.

그날 밤 영국 갈라디너 파티에서 영국 언론들의 스포트라이트를 받으면서 인터뷰에 응했다.
총회 개최 1년 반을 남겨놓고 뜻밖의 소식이 들려왔다.
'한국 총회 개최 보류'라는 국제 CIDESCO 본부의 통지를 받았다.

대한미용사회중앙회가 시데스코 본부에 항의한 것이다.
내용인즉 '조수경이 운영하고 있는 단체는 사단법인이 아니고 임의단체이며 국제행사를 치룰 수 없는 무능력한 단체'라고 방해문서를 보냈던 것이다.

세계적인 망신이었다. 조 회장은 국제 CIDESCO 본부에 사실관계를 소명하는 문서를 보냈다.
피부미용전문화를 위해 독립한 단체가 한국피부미용관리사협회이고, 대한미용사회중앙회는 헤어미용만을 하는 단체라는 내용으로 수차례 거듭되는 설득 문서를 보냈다.

그 결과 국제 CIDESCO 본부로부터 2003년 4월 13일부터 16일까지 호주에서 열리는 총회에서 정식 안건으로 처리하겠다는 답변이 왔다.

호주 총회가 있는 날 총회 장소 입구에서 대한미용사회중앙회에서 온 일행들과 한국피부미용관리사협회에서 온 일행 사이에 몸싸움이 벌어 졌다.

그날 총회에서 한국에 대한 의제를 놓고 회의를 한 결과 "이는 있을 수 없는 일이며, 국제 CIDESCO에서는 어느 누구도 인정할 수 없다"고 의결해 한국 지부 박탈이라는 불명예를 앉게 되었다.

○ 국제 CIDESCO 2005년 뉴욕 총회에서 새로운 한국지부로 가입인정 '조수경'

2003년, 한국 CIDESCO는 국제 CIDESCO 본부로부터 섹션 자격을 박탈당했다.

한국피부미용관리사협회는 어떠한 고통이 있더라도 한국이 시데스코 기구에 다시 가입하여 대한민국의 위상을 높여야겠다고 목표를 정했다.
협회는 2년에 걸쳐 한국의 피부미용시장에 대해 상황설명을 하였으며 전국 조직을 갖추었다는 확인 공증 문서를 보냈다.

역대 위원장 몇몇은 조수경 회장이 이끌고 있는 단체는 피부미용인들을 위한 단체이며 전문화를 추진하고 있으니 CIDESCO 한국지부를 승인해 줄 것을 요청한다는 추천서에 날인을 부탁했는데 어느 누구도 서명을 해주는 사람이 없었다.

"인생을 다시 살아야 했다. 바람에 흔들리지 않은 나무는 단단 하지가 않다. 라고 생각했다."

하늘은 스스로 돕는 자를 돕는다고 2005년 54차 뉴욕 총회에서 한국 조수경 회장에게 새롭게 국제 CIDESCO의 한국지부로 승인·부활시켜 주었다.

○ 국제 CIDESCO 총회 대한민국 유치! 다시 꿈을 꾸다

도전하는 자에게 기회가 온다.

2005년에 새롭게 지부로 가입승인을 받고 바로 2006년 그리스 아테네 세계총회에서 협회는 다시 총회 유치를 위한 홍보물을 제작·준비하여 영상 홍보 프레젠테이션을 했다. 드디어 2008년 제58차 독일 바덴바덴 세계총회에서 참가국 38개국으로부터 다수의 지지표를 얻었다.

한국 유치. 2011년 피부미용 CIDESCO 세계총회. 임원진들로 홍보단을 꾸렸다.

2008년 57차 독일 바덴바덴 세계총회,
2009년 58차 일본 교토 세계총회,
2010년 59차 스웨덴 스톡홀름 세계총회 등에서 그리고 중국, 말레이시아, 일본 등을 방문하여 전 세계 피부미용인들을 대상으로 현수막과 브러쉬, 전단지를 들고 홍보에 나섰다.

2011년 한국 총회 유치 성공
(2008. 제58차 독일 바덴바덴 세계총회)

○ 드디어 제60차 국제 CIDESCO 한국총회 및 박람회 개최

2011년 6월 28일 ~ 7월 3일 까지(5박6일) 사단법인 한국피부미용사회중앙회와 국제 CIDESCO 한국지부가 주관·주최한 '제60차 CIDESCO 국제피부미용 총회 및 박람회'가 개최되었다.

보건복지부와 고용노동부, 문화체육관광부, 한국산업인력공단, 서울관광마케팅(주)이 후원한 총회는 코엑스에서 열렸으며, 33개국 2,300여명의 외국인과 국내 피부미용인 등 연인원 총 5만4천여명이 참가한 가운데 성황리에 개최되었다.

'제60차 CIDESCO 국제피부미용 총회 및 박람회' 오프닝 개막식은 조수경 회장의 개회사로 멋지고 화려하게 문을 열었다.

이어서 국제 CIDESCO 키리아코스 포포치스 회장 답사, 대통령 영부인의 영상 축하 메세지와 보건복지부 진수희 장관 환영사, 민주당 손학규 대표, 국민참여당 유시민 대표의 축사, 대회장(박순자 한나라당 국회의원) 기조연설 등 순으로 웅장하고 성대하게 오프닝을 마쳤다.

2011년 제60차 CIDESCO 국제피부미용 총회 및 박람회 개최(2011. 6. 28~7. 3)

2011년 제 60차 CIDESCO 국제피부미용 총회 및 박람회 개최(2011. 6. 28~7. 3)

[국제 CIDESCO 및 한국총회]

1. 국제피부미용위원회(CIDESCO)

□ 1946년 6월 설립되어 스위스 취리히에 본부를 두고 전 세계 5개 대륙 33개 국가에 지부가 있으며 매년마다 피부미용기술 및 교육, 산업정보 교류, 인재와 산업 육성을 목적으로 세계 최대 규모로 매년 총회와 전시회를 개최

□ CIDESCO 자격증은 에스테틱과 뷰티테라피 분야에서 세계적으로 가장 명성있는 자격증이며 1957년 이후로 세계 각국의 국가표준 자격 증과 동일화 되고 있으며 전 세계 200개 이상의 CIDESCO 관련 학교 에서 피부미용관련 교육과정 운영

2. 제60차 국제 CIDESCO 한국 총회 및 박람회 개최

> "Natural, Global, Esthetic World & Korea!"
> 제 60차 CIDESCO Congress and Exhibition 2011의 주제를
> 한국의 피부미용 더 나아가 피부미용 산업분야의 성과, 능력, Vision을 형상화

1) 개최 목적
① 대한민국의 피부미용산업 경쟁력 제고를 위한 기반 강화
② 뷰티산업의 해외 진출 교두보를 마련함으로 비즈니스 기회 창출
③ 국내 피부미용인들의 지위향상과 친목도모
④ 국가 브랜드 인지도 확대로 인한 고수익 관광 상품으로 육성
⑤ 선진 피부미용 관련 정보획득 및 전문인력 수출 기회

2) 개최 필요성

□ 필요성 : 국내 뷰티(피부미용)산업 경쟁력 강화를 위한 실질적인 정보 교류와 산업 전시회를 통해 관련 네트워킹과 비즈니스 활성화가 가능한 국제 CIDESCO 총회와 전시회를 통한 피부미용산업의 선진국 도약 기회 확보

□ 경제성
○ 부대 행사로 채용박람회를 통한 500명 이상의 신규 채용기회 창출
○ 국내 피부미용 산업의 기반 확장 및 전시회 개최를 통한 비즈니스 기회 창출
  - 외국인 뷰티관광 및 국내 업체의 해외 진출을 위한 지속적이고 실질적인 계기 확보

○ 부대 행사로 채용박람회를 통한 500명 이상의 신규 채용기회 창출
○ 국내 피부미용 산업의 기반 확장 및 전시회 개최를 통한 비즈니스 기회 창출
  - 외국인 뷰티관광 및 국내 업체의 해외 진출을 위한 지속적이고 실질적인 계기 확보
  - 유관산업 분야의 국내외 전문가 초청을 통한 강연과 지도로 국내 피부미용산업의 선진화 추구
○ 세계대회 참가자에게 각종 한국 뷰티산업 마케팅을 수행하여 한국을 세계에 널리 알릴 수 있음.
○ 파급력이 큰 신성장 산업 (*2008년 한국은행)
  - 2007년 매출액 약 4조 586억 규모 최근 3년간 19% 성장 6조 7,007억 시장규모 확대 (2013년)
  - 생산유발 7조 4,678억에서 12조 3,293억 (2013년)
  - 부가가치 3조 7,339억에서 6조 1,646억 (2013년
○ 성장 잠재력이 높은 신성장 산업
  (*2008년~2011년 한국산업인력공단 통계)
  - 국내 피부미용 업소 14만 8천개, 피부미용종사자 35만명
  - 피부미용기능사 필기 및 실기시험 응시생 24만 6천명
○ 국내 뷰티서비스 관광시장의 규모 확대 및 아시아 뷰티시장에 관심 증대
○ 국내 전문 피부미용 인력 수출 및 수입과 산업의 해외진출 활성화

□ 시의성 : 뷰티산업 경쟁력 강화를 위해 국가경쟁력위원회 정책과 제도 국내 산업기반 정비, 관광, 수출상품으로 전략적 육성방향을 추진하고 보건복지부·한국산업인력공단·고용노동부·중소기업청 등 관계부처와 산업계의 협력이 추진되는 시기에 국제행사 개최의 시의성 있음.

□ 공익성 : 피부미용(뷰티)산업의 중요성을 대내외에 홍보하여 업계 종사자는 물론 대한민국 뷰티산업의 위상을 새롭게 드높이고 전 세계 회원들 간의 글로벌 비즈니스 네트워킹을 구축하여 국내 관련 산업의 발전 도모

3. 주요일정

2011. 6. 28	감독관 미팅
2011. 6. 29	스쿨미팅

2011. 6. 30	총회 (09:00) 한국의 밤 (19:00) 삼청각, 각 나라 대표
2011. 7. 1	개막식 (10:00 ~ 12:00) 전시회 (10:00 ~ 17:00) - 피부미용관련업체 400개 부스 세미나 (10:00 ~ 17:00) 피부미용실기대회 (13:00 ~ 17:00) 환영만찬 (19:00) - 워커힐 호텔
2011. 7. 2	전시회 (10:00 ~ 17:00) 세미나 (10:00 ~ 17:00) 네일경진대회 (10:00 ~ 17:00) 갈라디너 (19:00) - COEX D1홀
2011. 7. 3	뷰티산업발전방향토론회 (10:00 ~ 13:00) 전시회 및 세미나 (10:00 ~ 17:00) 메이크업경진대회 (10:00 ~ 15:00) 폐막식 (15:00 ~ 17:00)

4. 홍보효과

☐ 언론을 통해 전 세계 Esthetic 분야의 (Technology, Infra, System, 제도적 네트워크) 가치 형상화

☐ 사단법인 한국피부미용사회 중앙회의 Vision을 주요 미디어에 지속적인 노출을 통해 긍정적 이미지화

☐ 대국민 참여 캠페인을 통해 피부미용 분야를 뷰티 산업의 중심으로 자리매김

☐ 정부 및 관련 국가기관에 산업 규모 및 세계화 성과에 대한 홍보

☐ 성공적 행사 개최로 국민, 국내외 언론, 해외 관계자 및 관련기관에 사단법인 한국피부미용사회 중앙회에 대한 신뢰도 제고

☐ 피부미용인들의 내부 역량강화 및 단결심 고취, 팀워크 강화

5. 한국 세계총회 성과

1) 60년 CIDESCO 세계대회 중 가장 성공적으로 치러진 행사
   - □ 해외 35개 국가에서, 행사기간 중 연 방문인원 3만명 규모 참석
   - □ 영부인 개회 축사(박순자 한나라당 의원 대독)
   - □ 보건복지부 진수희 장관, 유시민 국민참여당 대표, 박순자 한나라당 의원, 정하균 미래희망연대 의원, 김성식 한나라당 정책위의장 등 다수의 VIP 참석
   - □ 200개 업체 약 400부스의 전시규모로 이루어짐

2) 피부미용 종사자들에게 실질적인 도움이 되는 지식 및 정보제공
   - □ 피부미용 종사자들에게 전반적인 해외시장 트렌드, 시장의 수요, 마케팅 분야의 다양한 강의 등 실무적으로 도움이 되는 지식, 정보를 제공하였으며 이를 통해 국내 뷰티산업의 활성화에 기여

3) 에스테틱 트랜드
   - □ 해외 피부미용기기 사례를 소개, 특히 고주파, EMS 전기근육자극에 의한 피부관리 데모시연을 통한 실질적인 팁 습득 기회 제공
   - □ 피부미용 분야 전통적 이슈인 경락이론에 근거한 한국의 전통 매뉴얼 테크닉, 인삼 하이드로 바디스파, 스웨디쉬와 딥티슈의 접목, 뷰티 & 헬스 풋테라피 등 다양한 분야의 트렌드를 제공하고 참가자들로 부터 호응을 얻음

4) 국내 최대 피부미용업계 정보교류의 장 마련
   - □ 컨퍼런스, 경진대회, 전시회를 기반으로 새로운 정보, 지식의 습득을 통한 국내 최대 뷰티산업 정보교류의 장으로 자리 매김
   - □ 사교행사, 경진대회 등 다양한 특별행사를 마련하여 관련업계 및 전문가, 강연자들이 자연스러운 네트워킹 분위기를 조성하도록 유도
   - □ 국내 업체의 해외시장 진출에 도움이 되는 해외연사 선정 등을 통하여 효과적인 네트워킹 및 목표시장 진출 전략을 도출할 수 있는 기회의 장 마련

5) 해외 참석자들의 공감 확대
   - □ 35개국 회의 참석자들로 부터 역대 최고의 대회라는 평가와 성공적인 대회 운영에 대해서 CIDESCO 본부로 부터 찬사를 들음

6) 행사 기간, 종료 다양한 언론 매체 노출
   - □ 지면 3건(중앙지 포함), 온라인 60건 이상 [붙임 참조]
   - □ 행사를 통한 피부미용 산업에 대한 인지도 향상

○ 국제 CIDESCO MEDAILLE D'OR상 수상

2013년 7월 12일 (사)한국피부미용사회중앙회는 국제 CIDESCO 본부로부터 축하받을 만한 기쁘고 경사스러운 공문 1통을 받았다.

그간 조 회장은 한국 피부미용인의 대표로서 국제 CIDESCO 총회에 빠짐없이 참석하면서 세계에 우리나라의 피부미용업을 알리는데 괄목할만한 성과를 거두었다.

또한, 2008년 제57차 독일 바덴바덴 세계총회에 참석하여 한국 총회를 유치하기 위하여 노력한 끝에 참가국 38개국들로부터 많은 지지표를 얻어 '국제 CIDESCO 세계총회'를 한국에 유치하는 쾌거를 이루었다. 뿐만 아니라 각 국 피부미용인들이 놀랄 만큼 아주 성공적으로 서울 총회를 개최함으로써 2013년 올해의 세계 피부미용인상 대상자로 선정되었다.

이 상은 세계 피부미용인들에게는 노벨상이라 불리며 한국 피부미용인이 이 상을 수상한 것은 국제 CIDESCO와 세계 피부미용인들에게 한국의 피부미용업을 인정받은 것으로 평가 되었다.
이러한 공로로 조 회장은 2013년 11월 9일 국제 CIDESCO 중국 우한 총회 갈라디너에서 열린 시상식에서 '국제 CIDESCO MEDAILLE D'OR'을 수상하였다.

○ 피부미용인들의 확고한 권익보호 길을 가다

2008년 4월 공중위생관리법 시행령에 따라 미용업은 피부미용업·일반(헤어)미용업·메이크업·네일미용업으로 나뉘어 21만1천여명의 전문 직업군으로 성장한 만큼 국민생활에 미치는 영향이 매우 큰 분야이나 업종별로 '공중위생관리법'에 정의되지 않아 직무범위가 불명확하여 업종 간 갈등을 초래하는 등 뷰티산업 활성화와 발전에도 큰 장애가 되고 있었다.

이에 따라서 조수경 회장은 피부미용인들의 지위 향상과 업종 간 갈등을 해소함으로써 사회·경제적 발전 추이에 따라 뷰티서비스산업으로 성장할 수 있도록 업종을 법률로 명확히 정의할 필요가 있어 피부미용업 등 4개 미용업종의 정의를 '공중위생관리법(모법)'에 입법화하는 연구를 학위 논문을 통해 발표하였다.

['공중위생관리법' 일부개정법률안]

□ 남인순 국회의원 2017.2.21. 대표발의(의안번호5720) '공중위생관리법'
 일부개정법률안 국회 보건복지위원회에 상정(법안소심사위원회 2017.8.23.)
 2007. 4. 피부미용사자격은 미용사자격과 분리되었으나,
 19만 피부미용인의 염원인 "공중위생관리법"에 별도의 독립 업종으로
 규정되지 않고, 동법 시행령에 규정되어 이의 개선이 반드시 필요

파워 인터뷰

찬란한 역사를 말하다

이 한권으로 피부미용 역사를 바라 보시길

한국피부미용사회중앙회 감사 **신숙희**

'한국피부미용사회중앙회 15년사' 발간을 축하드립니다.

피부미용업무가 독립 분리된 후, 산업의 권익과 업권 보호가 현저히 달라졌음을 느꼈을 겁니다. 유구한 역사 속에 " 피부미용 독립이 저절로 이루어졌다"고 하시는 분도 있기에 이번 '한국피부미용사회중앙회 15년사' 발간이 더 뜻깊고 역사서로 필요하다 여겨집니다.

우리는 피부미용 분야가 걸어온 길이 누군가의 희생으로 이루어졌다는 것을 알아야 합니다. 그리고 35년 협회에 몸담아 25년을 단체장으로써 앞장서 피부미용을 독립시키신 조수경 회장님께 감사한 마음 가져야 합니다.

머리미용 안에 피부미용이 있을 때는 어느 누구도 피부미용인들을 위해 대변하거나 해결해 주지 않았습니다. 법적인 문제조차 당연히 피부미용인들은 당하고만 있어야 하는 피해자였습니다. 그 자체를 해결할 수 있다는 생각도 못하던 시절이었습니다.

하지만 조수경 회장님은 달랐습니다.
첫 번째가 종합미용 국가고시에서 피부미용을 분리하여 실기시험을 보는 것이었습니다. 머리미용단체가 피부미용인들의 의견을 묻지 않고 반대 공문을 제출했다는 것을 알고,
두 번째로 피부미용 제도 자체를 반대하는 머리미용단체와 분리 독립이었습니다.

이 모든 것이 이 한권 15년사에 있습니다.

그리고 우리는 15년사에 다 기록 못한 수천 번의 관계자 방문과 미팅, 새벽이나 밤늦게까지 제도 정착에 조금이라도 도움이 되는 곳과 인물들 앞에는 항상 조수경 회장님이 계셨다는 것 또한 잊어서는 안 될 것입니다.

피부미용분야에 있는 저로서도 역사를 얘기 할 때 이 한권으로 가르치며 표현할 수 있고, 타 분야 사람들에게도 피부미용을 자랑스럽게 얘기하며 보여줄 수 있는 역사서가 있어서 너무 좋습니다.

피부미용인의 자부심 같은 15년사 발간을 해주셔서 다시 한번 감사드리며, 소중히 간직하는 책으로 삼겠습니다.

제4장. 성장 도약기

1. 질적 고도화를 이루다
2. 양적 팽창을 도모하다
3. 내부 결속을 다지다
4. 외연을 확장하다
5. 무대를 세계로 넓히다

1. 질적 고도화를 이루다

○ 피부미용 국가기술자격시험 대비 이론과 실기교본 만들다

피부미용 제도를 만드는 과정에서 잊지 말아야 할 부분이 있었다.
보건복지부의 공중위생관리법 시행규칙을 발표하고 노동부에서 시행하는 피부미용 국가자격시험을 치러야 했다.

그러나 제대로 된 피부미용 이론과 실기교본이 준비되지 않았다. 서둘러야 했다.
협회는 피부미용 영업자 단체로서 이것 또한 책무라 생각했다.
서둘러서 산업 현장에서 15년 경력자들이 모여 피부미용 직무와 실기를 구분하여 표준교본을 만들고 실기를 수행 순서대로 집필·제작하였다.

교본의 완성도를 높이기 위해 여러 차례 편집 과정을 거쳤다 미래 피부미용인들에게 국가자격시험 준비 100% 적용되는 완성도 높은 '피부미용사 표준이론과 실기교본' 이란 제목으로 편찬했다.

피부미용 국가자격시험을 앞두고 정리된
시험교재 편찬(2007. 8. 28)

○ 피부미용인의 노래

2019년 10월 31일 기분 좋은 날!
도입부에서 이렇게 말한다. 피부미용업이 공중위생관리법 시행규칙을 개정하여(2007. 4. 5.) 미용업에서 독립되었고 그 이듬해(2008. 6. 30.) 시행령에서 업종 세분화가 확정되었다.

그러나 피부미용업은 법에서는 여전히 미용업종이었다. 분명히 국가기술자격 시험도 별도로 실시하고 영업 신고도 미용업(피부)인데 계속 미용사라는 것은 피부미용인들의 자존심 문제로 모법(공중위생관리법)에서의 독립 규정이 필요하였다. 이에 모법 개정을 위해 노력한 결과 2019년 10월 31일 국회 본회의에서 피부미용과 일반미용을 분리하는 등의 공중위생관리법 개정안이 통과되었다.

그 날의 기억을 잊어서는 안 된다. 명실 공히 이제 드디어 공중위생관리법에서 일반미용업·피부미용업·네일미용업·메이크업미용업으로 완전히 분리된 날이었다.

전국 피부미용인이라면 모두가 기뻐하고 기억해야 하는 날이다. 그래서 피부미용인의 날로 역사에 남기기 위해 우리는 아직도 할 일이 많고,
피부미용인들의 위상을 높이는 일!
미용기기를 합법화 하는 일! 등을 생각하며 피부미용인의 노래가 탄생 되었다. 작사는 조수경 회장이 직접 하였고 작곡은 신상호 작곡가께서 맡아 주었다.

전국 피부미용인이여! 그 날을 영원히 기억합시다!

피부미용인의 노래 가사

○ 대한민국의 피부미용에 대한 국가직무능력표준 개발

고용노동부는 2010년부터 본격적으로 국가직무능력표준(이하 NCS)을 활용하여 직장 내 직무를 체계적으로 분석하고 이를 토대로 직무 중심의 채용, 배치, 교육, 임금 등이 운영되도록 산업 현장의 직무수행에 필요한 지식, 기술, 태도를 국가적 차원에서 표준화하는 정책을 수립·계획하였다.

그 일환으로 한국산업인력공단에서 2014. 4. 자체 홈페이지에 이·미용서비스분야 피부미용 NCS 개발 연구용역을 발주하는 공고를 게재하였으나, 이를 알지 못했던 협회는 신청 접수 마감 전날에서야 동방문화대원대학교 김문주 교수로부터 정보를 받았다.

밤 새워 신청서와 수행계획서 등을 작성하여 신청하였고, 조 회장이 프리젠테이션 자료를 직접 작성·발표하는 적극적인 활동을 통해 대한미용사회중앙회 등 다른 신청기관을 따돌리고 피부미용 NCS 개발기관으로 선정되었다.

따라서 산업현장에서 피부미용인들이 직무범위, 체계적 기술발전, 산업 활성화 등을 주도적 역할을 할 수 있는 발판을 마련하게 되었고 그 이후에 다음과 같이 지속적으로 추진하여 성과를 이루었다.

NCS기반 신직업자격 관련 토론회 및 회의 개최(2015)

NCS(국가직무능력표준 : National Competency Standards)이란 산업 현장의 직무를 수행하기 위해 필요한 능력(지식, 기술, 태도)을 국가적 차원에서 표준화 한 것으로 능력단위 또는 능력단위의 집합을 의미합니다.

피부미용NCS 개발 및 개선 관련 실적

순번	연구과제명	발주기관	사업기간	연구수행내용
1	2014년 국가직무능력표준 및 활용패키지 개발	한국산업인력공단	2014. 6. 13 ~ 11. 12	2014년 피부미용분야 국가직무능력표준 및 활용패키지 개발
2	산업계주도 NCS기반 자격종목 재설계	한국산업인력공단	2015. 1. 22 ~ 6. 19	피부미용 자격종목 재설계인증기준, 검정기준, 문제원형 개발
3	NCS 학습모듈개발	한국산업인력공단	2015. 5 ~ 11	피부미용 분야 NCS 학습모듈개발
4	17대 분야 NCS기반 신직업 자격 문제원형 개발	한국산업인력공단	2015. 12 ~ 2016. 3	NCS기반 신자격 검정(평가)기준 및 일학습병행 자격 문제원형개발
5	NCS 및 신직업자격 보완	한국산업인력공단	2016. 3. 11 ~ 6. 30	NCS 및 신지업자격 정비 및 신설
6	국가기술자격 및 NCS 기반 자격 비교연계	한국산업인력공단	2016. 6. 24~ 7. 5	미용기능사(피부)와 NCS 기반자격 비교·연계
7	NCS기반 실기시험 평가방법 개발	한국산업인력공단	2017. 5. 8 ~ 10. 4	미용사(피부) NCS기반 실기시험 평가방법 개발
8	2017년도 NCS 학습모듈 신규 및 보완 개발	한국산업인력공단	2017. 5. 1 ~ 10. 31	피부미용 분야 NCS학습모듈 보완

 국가직무능력표준(NCS) 재정 주관기관으로 최고의 피부미용서비스를 제공하기 위한 기준을 명확히 하고, 피부미용인의 자격을 바로 세우는 국가직무능력표준(NCS) 전문화 교육을 2019년부터는 전국적으로 투어하며 실시하고 있다.

 현재까지도 많은 피부미용인들이 국가가 표준화한 피부미용의 직무범위가 어디까지가 피부미용의 영역인지 정확한 인식과 이해를 하고 있지 못한 경우가 많아 피부미용산업에 종사하고 있다면 누구나 이 교육을 필수로 받아야, 퀄리티 있는 직무를 수행할 수 있고, 앞서 언급했던 위반 사례 등의 문제들을 예방할 수 있었다.
 실제로 많은 원장이 국가직무능력표준(NCS) 교육을 받은 후, 피부미용에 대한 정체성을 바르게 알게 되었고 피부미용 전문가로서 자신감과 함께 직업의식을 갖게 되었다고 이야기한다. 앞으로도 지속적으로 국가직무능력표준 전문화교육은 이어져야 될 것이다.

 또한 세계적으로 피부미용분야는 일자리창출과 동반성장하는 신 성장동력 뷰티산업분야로써 현장의 변화가 날로 수준이 높아지고 있어 관련법과 상충되는 업종에 대한 이해의 간격을 좁히고자 개선이 필요하고 세계적 추세에 맞게 지식기술 변화를 적용하여 기존 개발된 NCS를 보다 현장 맞춤형 문제해결능력 중심으로 개선하기로 했다.

특히, 산업현장과 동떨어진 교육으로 인해 산업체에서 요구하는 직무능력을 충분히 충족시키지 못하고, 이로 인한 인적자원 개발의 비효율성이 발생하여 직무능력이 아닌 스펙중심의 채용 등으로 능력중심사회로의 전환이 어려움을 해결하기 위해 현장중심의 직무능력을 표준화하여 일-교육·훈련-자격의 연계가 가능할 수 있도록 하는 국가직무능력표준(NCS)의 필요성이 절실해지고 관련 분야에 협회가 적극적으로 참여하여 현장성을 강화시키는데 앞장서 나아 가가기로 했다.

협회는 향후 NCS개선 시에 피부미용 분야는 잠재적 고객 증가 등에 따른 산업수요에 맞추어 양질의 우수 피부미용 분야 상품 개발 및 보급을 위한 전문 인력 수요 증가 등 산업현장에 맞게 숙련된 산업인력을 양성하고, 산업 발전에 기여하며 글로벌 경쟁력도 갖출 수 있는 인재를 육성할 수 있도록 NCS가 체계적으로 개선되어야 할 필요가 있으므로 다년간의 해당분야 업무 노하우, 인적네트워크, 축적된 연구물 등을 활용하여 피부미용 산업현장의 목소리가 반영되도록 노력할 것이다.

NCS 강의 프로그램

구 분		과 목
1일차	09:00~11:00	NCS 개요 및 직무범위
	11:10~12:10	림프관리_이론
	13:00~14:30	화장품학 + 샵 경영관리
	14:40~15:40	아로마학
	15:50~16:50	피부미용학
	17:00~18:00	피부미용기기 및 기구
2일차	09:00~10:00	위생관리
	10:10~11:10	림프관리_실기
	11:10~12:10	두피관리(이론, 실기)
	13:00~14:00	얼굴관리_실기
	14:00~15:00	제모관리(이론, 실기)
	15:00~16:00	신체후면관리_실기
	16:00~17:00	스톤테라피(이론, 실기)
	17:00~18:00	뱀부테라피(이론, 실기)
	18:00~19:00	수료식

○ 피부미용 학술연구 임상발표회

여성 전문 직업 분야로써의 뷰티산업으로 성장하고 피부미용고객에게 양질의 서비스를 제공하기 위해서는 학술적 임상 데이터베이스를 근거로 하는 서비스를 제공해야 한다고 판단했다.

그러나 초창기에는 아직 정부의 승인이 나지 않은 가칭 (사)한국피부미용사회에서, 피부미용사 국가자격제도화도 안 되었는데 임상발표회를 갖는 것은 시기상조이고 바른 일처리가 아니라며 비난하는 등 부정적인 시각으로 비판하는 사람이 많아 어려움이 많았다.

특히, 피부미용분야는 학교의 교육이 기초가 된 것이 아니라 산업현장의 전문직업인 중심으로 형성된 분야이기에 학교 교육을 받는 학생들에게는 꼭 임상데이터베이스를 근거로 할 필요가 절실하였다.

다행히 최근 들어서는 해마다 참여하는 임상발표자들의 질 좋은 임상 자료가 생산되어 뷰티산업 현장피부미용인들에게 제공되고 있으며, 뷰티산업 현장에서 시연되고 있어 뷰티산업 발전에 유익하게 활용되고 있다. 이러한 임상발표회는 2023년까지 총 23회째를 이어오고 있다.

연도별 임상발표 주제 현황

연도(회)	임상발표 주제	참석인원
2007.12.5.(8회)	-자연 그대로 -페르시아 귀족 프로페셔널 허브 프로그램 -비사볼로 게르만족 이야기 -EGF 성분을 이용한 피부재생관리법-나노의 세계 -체형관리와 생체리듬의 변화	300명
2009.12.7.(9회)	-우리나라 지역별 피부상태에 대한 연구 -천연항생물질 프로폴리스 -티트리 오일의 함유량이 여드름 피부에 미치는 영향 -성장인자(growthfactor)가 피부에 미치는 영향 -자영피부미용실에 대한 선호도 조사를 통한 경쟁력 강화 연구- -물질이 인체에 미치는 영향 -2,30대 직장여성의 피부관리 행태에 따른 피부미용실 경영 변화 제안	300명
2011.12.1.(10회)	-비 접촉 방식의 이온 바람을 이용한 속성(순간적)체형 관리법-- -에스테틱 & 스파 트랜드와 고객 선호도 -홀리스틱 임산부를 위한 전문관리 -베큠 석션 트리트먼트에 따른 완경기 여성의 신체 성분 및 혈류대사 개선효과에 미치는 영향	300명
2012.11.27.(11회)	-피부관리의 새로운 세계-림프, 근육, 신경의 일체화된 관리 -근막을 이용한 노화지연관리-실리셜리 스티키 테크닉을 이용한 세포 자생 에너지 회복 -음양오행을 통한 비만관리 -카이로스 스템셀 줄기세포 활성화제와 기능성화장품의 만남	300명

일자(회차)	내용	인원
2013. 12. 5.(12회)	-림포테라피 바른관리 체형법 -성장인자를 활용한 기능성 화장품 -행복창조 제품시리즈 -튜닝세라피 오프닝 요법 -필레니나 임상연구 발표	165명
2014. 12. 2.(13회)	-이바롬 - 오장육부 아로마 테라피 -타임마스터-척추측만과 통증관리 -하우동천-복부관리를 활용한 여성 건강관리 -가윤메디텍-RET 고주파열을 이용한 해독과 비만관리 -옥산토닝 – 문제성(기미, 여드름) 피부개선	164명
2015. 12. 3.(14회)	-안티에이징과 코슈메슈티컬 -비 외과적 시술에 의한 흑색증 및 노화개선 -K-Cellulite(두피 셀룰라이트) -활성산소를 제거하는 먹는 수소에 대하여 -큐브와 WU-oil을 이용한 완벽한 바디/페이스 트리트먼트	149명
2016. 12. 1.(15회)	-라이콘왁싱의 탁월한 차이 -탈모방지 기능에 따른 식물성 복합물질 연구 -스와디차크라 개론 및 임상소개 -브레인힐링테라피 -엔돌핀 호르몬 테라피	242명
2017. 11. 23.(16회)	-원적외선이 피부에 미치는 영향 -16겹 윤곽 필링테라피 -100MHz고밀도 초음파 Skinova의 이론적 배경 -수분 디바이스를 이용한 Face관리 -림프순환을 배가시키는 뱀부 바디관리 -아름다움을 넘어 인생을 디자인하는 해.비.채 포츈테라피	423명
2018. 11. 1.(17회)	-셀 스마스테크닉과 필링관리 -CELL STORY 일본 내 성공사례 -이태리 브레인 홀리즘 테라피 -8체질 미용성형테라피의 효과 -브레인 디톡스	412명
2019. 12. 4.(18회)	-에그 줄기세포를 이용한 피부초기 테라피 -간이 피부건강에 미치는 영향 -화장품 팬덤 마케팅 -맥반석이 몸에 미치는 영향	322명
2022. 11. 22(19회)	-품격이 다른 세계 최초 HEMP 엑소좀 성형화장품 -다이아셀 필링과 3/10Mhz 멀티 초음파를 응용한 피부적용 임상 사례 -알포유 테라피 -자연이 선물로 준 맥반석 -운드힐링 테라피의 접근법	427명
2023. 11. 27.(20회)	-향성분으로 피부 본연의 회복탄력성을 깨우는 더마화장품 -엑소좀 100% 루시도르 제품의 활용 및 임상결과 -에스테티션을 위한 스킨부스터 임상사례 발표 -Advanced Skin Care (IT Pharma Products in Spain) -병원레이져 기기 VS 뷰티플라이저 기기 임상비교 -여성탈모 원인과 관리방법 / 임상 사례 발표	428명

피부미용 학술연구·임상발표회 개최

○ 피부미용 학술 세미나

피부미용 학술 세미나는 피부미용 영업주들을 중심으로 1988년부터 뷰티산업기재박람회와 함께하고 있는 오랜 역사와 전통이 있는 학술 세미나 행사이다.

학술세미나를 통해 피부미용인들은 피부관리에 대한 경험적 지식과 학술 그리고 산업현장에서 수행되는 전문적 지식을 향상시켜 나가고 있다.

피부미용인들은 그 동안 뱀부, 헤드스파, 로미로미, 산전·산후관리, 발관리, 스웨디쉬와 딥티슈 등 테라피, 근육과 해부생리학, 화장품학(성분학, 줄기세포이론), 얼굴균형관리, 피부미용NCS(국가직무능력표준), 림프관리 등 13년 동안 49개의 다양한 주제에 대하여 끊임없는 토론을 통해 새로운 지식과 기술력 배양을 추구하고 이를 통해 성장의 계기를 만들어 가고 있다.

연도별 학술 세미나 과목 현황

연도	학술 세미나 과목	참석인원
2007. 4. 9.	-유황성분이 함유된 화장품을 이용한 여드름관리 -최고의 트랜드인 웃음 백과사전 강사를 초빙 -국내 최고의 제품으로 피부미용업계를 승부하는 업체를 초빙	
2008. 4.12. ~13.	-피부미용학 -피부학, 공중위생관리학 -해부생리학 -화장품학 -피부미용기기학	
2009. 4.19.	-피부미용 영업자들이 알아야 할 사항 -피부미용 실기수행능력 기술강의	
2011. 7. 1. ~ 3. (세계대회)	-고주파-직간접적 신경세포 전기자극(발젯수리 영국) -로얄 코리안 마사지 -시대에 맞는 피부관리실 운영법 -환상적인 다비스톤 테라피 -Microdermabrasion(샌디 로이 남아프리카공화국) -홍조 : 두가지 관점에서의 사례연구(레위보위츠 네덜란드) -스웨디쉬와 딥티슈의 만남 -EMS – 전기근육자극(발젯 슈리 영국) -인삼 하이드로 바디스파 -최신 스킨 브라트닝 기술 소개(리디아 사파티 미국) -헬스 & 뷰티 풋 테라피 -노화현상에 영향을 미치는 요소에 대한 전문적 해법 제시(리디아 사파티 미국) -환경의 영향과 아토피 -뷰티산업의 이해 패널토론 -훼이셜 트리트먼트(리에체 토마슨 네덜란드)	

2012. 7. 2.	-스웨디쉬와 딥티슈의 만남 -Beauty & Health Foot Therapy -2011년 영국 런던 국제기능올림픽대회 　"뷰티테라피(피부미용)참가선수 9과제" 동영상 시청 -2013년 독일 국제기능올림픽대회 직종 유망과제"Bamboo Massage"	
2013. 8.26.	-줄기세포와 화장품 -피부미용인을 위한 근육학	223명
2014. 7.31.	-화장품 성분학 -근해부 생리학	264명
2015.10.12.	-산전 . 산후관리 -근육학(두개 및 목, 어깨)	267명
2016. 9.22.	-뱀부 테라피 -로미로미 테라피	221명
2017. 6. 1.	-보더와 치커리식의 림프관리	374명
2018. 8.23.	-알기 쉽게 풀어가는 피부미용 NCS(국가직무능력표준) -목과 어깨 변형을 유발시키는 거북목증후군 관리와 예방을 통한 피부관리	316명
2019. 8.29.	-헤드스파 테라피 -얼굴균형관리	400명
2021. 9.30.	-고객상담성공, 피부과학 -영양소와 건강피부	481명
2022.10.26.	-장과 피부의 축 -피부미용 인문학 – 멋진 미래와의 만남 -뇌(브레인) 테라피	483명
2023.10.23.	-KC인증 피부미용기기 활용 -림프활성화를 통한 브레인(뇌)테라피	420명

2023년 전문 피부미용 학술세미나(2023. 10. 23)

○ 학습 모듈 개발

학습 모듈 개발기관으로 (사단법인 한국피부미용사 중앙회 선정)
 NCS를 개발한 우리 기관은 교육기관에서 교과서를 활용한 학습 모듈 연구용역을 발주 받았다. 대표 집필자 1명(조수경), 교육계 전문가 5명, 산업계 전문가 5명을 구성하여 NCS 기반을 기준으로 1년에 걸쳐 직무내용 별로 11권의 책을 완성시켰다.

 현재 교육기관은 학습 모듈을 내용으로 피부미용을 전공하는 학생들에게 교육부의 권유로 학생들을 가르치고 있다.

피부미용분야 NCS 학습모듈 책자

○ 피부미용기기 'KC인증(공산품) 사용지침' 확정 시행

그 동안 공중위생관리법상 피부미용업소에서 사용이 금지된 의료기기중 KC인증(공산품)을 받은 피부미용기기의 피부미용업소 사용이 허용 되었다.

2023. 6.20 보건복지부가 '2023 공중위생 관리사업 안내(지침)' 일부 개정을 통해 앞으로는 피부미용업소에서 피부 관리를 위해 「전기용품 및 생활용품 안전관리법」 또는 「전파법」에 따라 인증을 받은 제품(KC인증)은 피부미용기기(전기용품)로 사용 할 수 있게 되었다.

이와함께 피부미용영업자에 대한 위생교육단체는 위생교육 시 미용기기의 안전한 사용에 관한 교육을 하도록 하였다.
이로써 피부미용인들은 오랜 숙원 사업인 피부미용기기의 피부미용 업소내 사용이 가능하게 되어 불법 영업의 우려없이 원만하게 사업을 수행하게 되었다.

2023년 7월 20일 서울가든호텔 그랜드볼룸에서 피부미용기기
'KC인증(공산품) 사용지침' 확정 시행에 대해 축하행사가 열렸다.
남인순 국회의원을 비롯해 업계 각계 인사들이 참석했다.

2023 공중위생관리사업안내(지침) 일부 개정 통보

〈신설〉 피부미용업소 기기사용관련 안내

- 「전기용품 및 생활용품 안전관리법」 또는 「전파법」에 따라 인증받은 제품(KC인증) 사용
- 피부미용 영업자에 대한 위생교육단체는 위생교육 시 '미용기기의 안전한 사용'에 관한 교육내용 포함.

국회 보건복지위원회 남인순 국회의원은 축사를 통해 "국회가 해야할 일 관심을 가지고 전문적 직업이 발전 되도록 노력하고자 한다"고 말했다.

장업신문 보도(2023. 8.3 일자)

2. 양적 팽창을 도모하다

○ 2007년 제39회 국제기능올림픽대회 피부미용직종 참가 제안서 내다

1965년 국내 기술진흥과 기능장려사업의 일환으로 국제기능올림픽대회 한국위원회가 설립되었고 이후 40여년이 흐른 뒤 피부미용사 국가자격제도화를 추진하던 2005년에 '피부미용' 직종이 국제기능올림픽 종목으로 처음 신설되었다.

한국피부미용사회중앙회는 피부미용분야가 산업 현대화에 동참하고 실현하는데 다른 분야보다 늦게 출발하였으므로 국내 기능경기대회 개최와 국제기능올림픽대회 참가가 절실한 과제로 보았다. 또한 피부미용사 국가자격제도화가 기득권 단체의 반대로 인해 어려운 상황임에도 불구하고 한국의 피부미용 기술력이 우수하고 산업 현장에서 종사자가 많아 대한민국의 피부미용분야도 경쟁력이 있어 국제기능올림픽에 출전할 수 있다고 판단했다.

한국피부미용사회중앙회는 이를 실천하기 위해 많은 자료를 찾아서 제안서를 작성하여 국제기능올림픽 한국위원회에 제출하고 참가 여부 검토회의를 요청하였고 국제기능올림픽 한국위원회는 2006년 8월 30일 제39회 국제기능올림픽 피부미용직종 참가여부를 결정하는 회의를 개최하였다

이 회의에는 기술위원장, 관련 분과장, 한국피부미용사회중앙회 회장, 한국피부미용연구학회장, 신흥대학 뷰티아트디자인과 교수, 충청대학 피부미용과 교수, 출제실 연구원, 해외 취업자 지원 센터장 등이 참석하였다.

회의에서는 피부미용 자격화도 아직 안 되었는데 국제기능올림픽 출전은 너무 성급하다며 반대의견이 제기되었고 이는 피부미용자격화를 반대했던 사람들이 그 자리에 참석하였으니, 당연히 반대로 결론이 났다.

일부 교수들은 피부미용사 국가자격제도화 도입관련 회의 때에도 언제나 한국피부미용사회중앙회가 추진하는 피부미용 전문제도화는 시기상조로 심사숙고해야 한다며 피부미용제도 발전에 피해를 주고 말았다.

회의는 피부미용 국가자격화가 된 후 국제기능올림픽 종목으로 채택하는 것으로 결론이 나 2008년 10월 국가자격시험 실시 후 기능올림픽 종목에 포함되었다.
한국피부미용사회중앙회 조수경 회장은 국제기능올림픽 한국위원회 심사장으로 2011년 영국 국제기능올림픽대회 피부미용종목에 대한 선수를 양성하였다. 또한 국제심사위원으로 위촉받아 참가하였으며 참가국 21개국 가운데 한국은 처녀 출전하여 4위라는 좋은 성적을 거두었다.

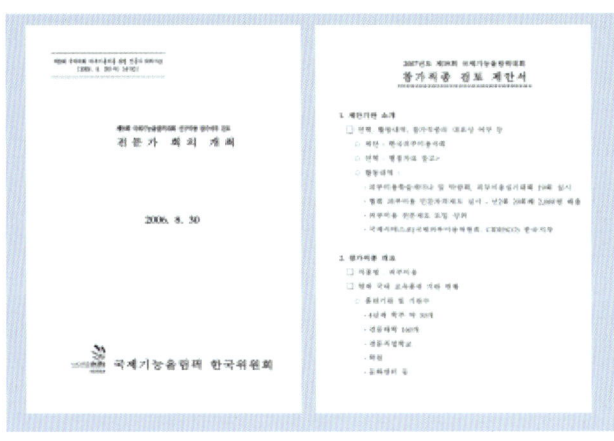

국제기능올림픽 전문가
회의 개최 및 참가종목
검토제안서
(2006. 8. 30)

○ **대한민국 뷰티산업박람회**

피부미용영업주들로 하여금 뷰티산업박람회를 통해 매일 새롭게 변화하고 달라지는 뷰티시장에서 다양한 신기술과 제품, 정보교류 등에 대한 최신 트렌드를 현장에서 직접 체험하고 경험할 수 있도록 한 취지로 마련한 박람회 행사는 피부미용분과위원회가 설립되기 전인 1988년 시작된 것으로 추정되며 2023년 현재까지 총 33회가 개최되었고 누적 참가업체수가 2,838여 개 관람객은 2,475천여 명에 이른 것으로 추정되어 뷰티산업 발전에 크게 기여한 것으로 평가되고 있다.

그간의 추진경과를 보면, 1988년 제1회 피부미용 학술세미나 및 기자재 박람회"이란 명칭으로 개최되었고, 2013년 제25회부터는 "대한민국 뷰티산업 박람회"란 명칭으로 개칭되었으며, 1988년 제1회부터 2023년 제33회까지 개최되는 동안 국제 CIDESCO 한국총회가 개최되던 2011년과 코로나19 펜데믹으로 인해 개최하지 못한 2020년, 2022년 등 총 3회를 제외하고는 지속적으로 개최하고 있다.

또한 (사)한국피부미용사회중앙회가 주관·주최하고 보건복지부와 한국산업인력공단이 후원하는 박람회는 매년 평균 86여 개 관련 업체와 피부미용업주 등 약 5,500여 명이 참석하는 명실상부한 대한민국 최고의 뷰티박람회로 자리매김하였다.

연도별 뷰티 산업 박람회 개최 현황

명칭	뷰티 산업 박람회 개최 년도 및 차례
학술세미나 및 기자재 박람회	1988년 제1회, 1989년 제2회
	1990년 제3회, 1991년 제4회, 1992년 제5회, 1993년 제6회, 1994년 제7회, 1995년 제8회, 1996년 제9회, 1997년 제10회, 1998년 제11회 1999년 제12회
	2000년 제13회, 2001년 제14회, 2002년 제15회, 2003년 제16회 2004년 제17회, 2005년 제18회, 2006년 제19회
	2007년 제20회, 2008년 제21회, 2009년 제22회, 2010년 제23회 2011년<미개최> 2012년 제24회
대한민국 뷰티산업 박람회	2013년 제25회, 2014년 제26회 2015년 제27회, 2016년 제28회, 2017년 제29회, 2018년 제30회, 2019년 제31회
	2020년~2021년<미개최>, 2022년 제32회. 2023년 제33회

특히, 박람회는 전국 각 지역을 순회하면서 개최함으로써 각 지역 피부미용인들과 관련산업체 간 현장교류를 더욱 활성화하고, 또한 국내의 우수한 피부미용기술력과 제품에 대해 콜라보(collaboration)를 이루어 한국의 피부미용 뷰티산업 시장을 다변화하는 계기가 되고 있다.

뷰티산업박람회 전경

2023년 제33회 대한민국 뷰티산업박람회(2023. 6. 27~28)

○ 대한민국 CIDESCO 뷰티테라피 온라인 기능경진대회

(사)한국피부미용사회중앙회와 국제 CIDESCO 한국지부는 고객서비스 경쟁력을 확보하고 뷰티산업을 활성화하기 위해 매년 전국의 피부미용인들이 기술력을 뽐낼 수 있는 경진대회를 개최하여 피부미용인들의 기술력 향상과 숙련 피부미용인 장려에 힘을 쓰고 있다.

중앙회가 주최하는 기능경진대회는 피부미용기술실력을 겨루는 장으로써는 전국 최고의 권위를 자랑하며 전국의 피부미용실 원장 및 실무자, 예비피부미용인들인 관련학과 학생 등 많은 선수들이 참가해 매년 큰 성황을 이뤘다.

특히, 코로나19 펜데믹 이전까지 경진대회는 선수와 모델들이 직접 현장에 참석하여 경연을 펼쳤지만 코로나19 펜데믹이 시작된 2020년부터는 사람 간 대면접촉이 어려워져 직접 참여방식을 지양하고 출전선수 및 모델, 심사자, 대회진행자 간 대면을 최소화하는 비대면(온라인) 방식으로 전환하여 출전선수가 핸드폰 등 촬영기기로 경연하는 모습을 촬영하여 동영상자료를 제출하면 이를 심사위원들에게 송부하고 심사·채점하여 순위를 결정한 후 유튜브로 송출하는 방식으로 대회를 진행하고 있다.

특히, 섬세한 피부미용기술과 5G 네트워크를 결합시켜 혁신과 변화를 줌으로써 매년 K-Beauty Contest 참여자가 큰 폭으로 증가하고 있어 우리의 뷰티산업이 미래 핵심 서비스산업으로 자리 매김 하는데 크게 기여 할 것으로 기대된다.

정부도 코로나19 확산 방지를 위해 비대면 온라인방식으로 피부미용인들 상호 간에 기술력을 겨루는 '뷰티테라피 기능경진대회'에 대하여 피부미용인들의 손끝에서 세계를 선도하는 K-뷰티의 출발점이 되고 있다며 높이 평가하고 있다.

이에 따라 시상도 각 종목의 부문별로 국제 CIDESCO 본부 회장상, 보건복지부장관상, 고용노동부장관상, 국제기능올림픽대회 한국위원회 회장상, 국제 CIDESCO 한국지부 회장상, 중앙회장상 등 다양하게 수여되고 있다.

자랑스러운 k-뷰티산업을 만들고 이끌어 갈 중심에 있는 32천여 명의 피부미용업 원장들의 노력에 발맞춰 중앙회는 보다 열린 마음과 자세로 소통하며 합리적인 기능경진대회가 되도록 적극 노력하고 있다.

대한민국 CIDESCO 뷰티테라피 기능경진대회

대한민국 CIDESCO
뷰티테라피 기능경진
대회 전경

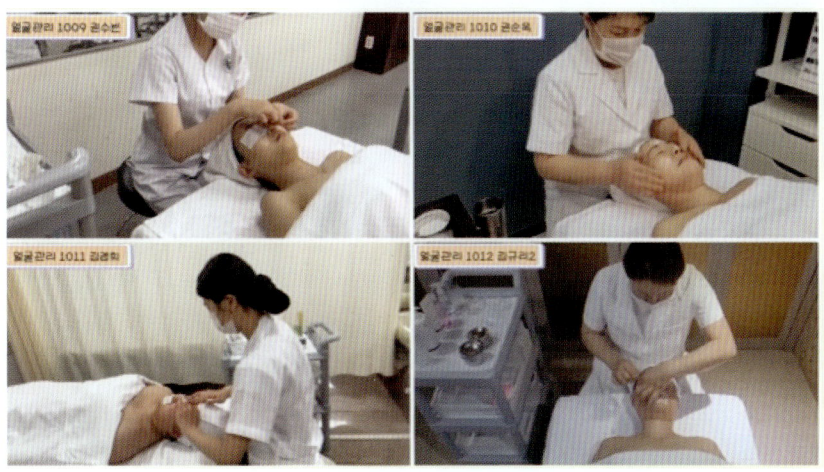

대한민국 CIDESCO 뷰티테라피 온라인 기능경진대회 전경

대한민국 CIDESCO 뷰티테라피 기능경진대회

1. 경연종목 및 심사항목

○ 경연종목 : 얼굴관리, 몸매관리, 특수관리, 네일미용, 메이크업 등
15개 종목별로 위생관리·피부분석력·테크닉·고객배려 등 기술 평가

기능종목		관리범위		심사항목
피부미용	얼굴관리	눈 주변, 이마, 코, 턱, 볼, 데콜테 포함(팩 제외)		복장, 재료(1분)
				클렌징(3분)
				매뉴얼테크닉(5분)
				마무리(1분)
	몸매관리	상체후면(등), 팩 제외		복장, 재료(1분)
				클렌징(3분)
		하체후면(뒷다리), 팩 제외		매뉴얼테크닉(5분)
				마무리(1분)
	특수관리	뱀부테라피 (얼굴, 상·하체후면)		복장, 재료(1분)
				클렌징(1분)
				뱀부관리 & 스톤관리(7분)
		스톤테라피(상체후면)		마무리(1분)
		제모관리 (얼굴 : 헤어라인+인중, 바디 : 오른쪽 다리 무릎아래에서 발목까지)		복장, 재료(1분)
				제모(8분 이내)
				마무리(1분)
		눈썹관리	속눈썹 아트	작업(9분 이내)마무리(1분)
			속눈썹 기술	
네일미용		네일 케어(한 손)		작업(18분 이내)마무리(2분)
		네일 아트(한 손)		
메이크업미용		웨 딩(얼굴, 전신)		작업(18분 이내)마무리(2분)
		판타지(얼굴, 전신)		

2. 경연 응모방법 및 유의사항

1) 동영상 제출기준 : 경연에 필요한 재료와 준비물을 갖추고 모델을 대상으로 기술행위를 피부미용 종목 10분 이내, 네일미용 종목과 메이크업 종목은 20분이내로 동영상을 촬영·제출
   ① 영상제목 : 2023년도, 종목, 이름 기재
   ② 용량 및 촬영방향 : 1GB 이하, 기본 가로 촬영
   ③ 영상종류 : MP4, MOV(타 플랫폼일 경우 영상 중계 불가)
   ④ 제출방법 : 이메일 또는 USB 제출(우편발송)

2) 동영상 촬영시 유의사항 및 응모방법
   ① 참가자의 얼굴과 손, 작업 범위가 정확히 나오게 촬영
   ② 선수복장 : 반드시 흰색계통 가운(gown) 또는 작업복 착용
   ③ 촬영도구는 제한하지 않음
   ④ 신청서류 및 방법 : 출전종목 동영상파일, 신청서, 서약서, 개인정보수집동의서, 재학증명서(학생 한함) 등을 E-mail 또는 우편으로 제출

3. 심사위원 구성 및 심사방법

1) 위원 구성은 (사)한국피부미용사회중앙회 각 지회 등 관련기관에서 NCS 교육이수자 등 자격을 갖춘 사람을 추천받아 구성
2) 심사방법은 2인 1조로 심사조를 편성·교차확인·심사

4. 시상내역

1) 정부 및 공공기관 : 보건복지부장관상, 고용노동부장관상, 국제기능올림픽대회 한국위원회장상 등
2) 내부기관 : (사)한국피부미용사회중앙회장상(금 은 동상 테크닉상), 국제CIDESCO위원회 회장상, 국제CIDESCO위원회 한국지부 회장상
3) 외부기관 : 직능단체총연합회장상, 전국공중위생단체연합회장상, (사)대한네일미용사회장상, (사)한국메이크업미용사회장상출

3. 내부 결속을 다지다

○ 전국 임원진 단합대회 개최

2022년 제6대 전국 임원진 단합대회

대한민국의 중심도시! 충청북도 수안보!
전국 21개 지회 임원진들의 축제의 날이다.
1년간 열심히 산업현장에서 일하고 또 지회 활동을 하면서 받았던 스트레스를 함께 소리쳐 외치며 피부 미용 임원의 한 사람으로서 자기 지역을 뽐내는 현장이기도 하다. 1박2일의 단합대회는 피부미용인들의 우정의 무대이다.

① 혁신 구호 제창
1. 우리 모두 사단법인 한국피부미용사회중앙회! 아싸!
2. 나는 죽어서도 명품 피부미용사이다.
3. 미용기기제도 도입은 나의 숙명이다.
4. 나는 할 수 있다. 해야 된다.
5. 우리는 삶에 동지다. 회원가입 향해 달리자. 핑계도 이유도 없다.
6. 나는 임원으로서 그 역할을 다한다.
7. 우리 지회 피부미용인 내가 책임진다.
   하나. 우리 피부미용인은 뷰티산업 발전을 위하여 앞장선다.
   하나. 우리 피부미용인은 전문 직업인으로서 사랑과 우애로 오직
          하나가 된다.
   하나. 우리 피부미용인은 세계적 추세에 발맞춰 전문인으로서 자질을
          향상시킨다.

② 토론의 한마당

③ 각 지회 장기자랑
웬만한 프로들 보다 더 섹시한 춤과 노래를 뽐낸다. 500여 명이 모인 전국 임원진 단합대회는 폭소를 자아내면서 축제의 한마당으로 자리매김하였다. 우리 협회가 가고자 하는 방향! 조직의 필요성! 화합:단결! 우리는 하나이다! 더 발전해야 한다! 1박2일의 프로그램은 항상 내년을 기다리게 하는 한마당이다.

2022년 제6대 전국 임원진 단합대회(2022.7.3~4, 수안보 상록호텔)

○ 해외 뷰티 산업 시찰 및 K-피부미용산업 활성화를 위한 워크숍

해외 뷰티산업 파악 및 K-피부미용산업 활성화를 위한 해외 워크샵

- 장소 : 베트남 다낭
- 참석자 : (사)한국피부미용사회중앙회 임직원

베트남 비행기를 탔다

인생은 만들어가는 것이 희망을 현실화하는 것이 인생이다. 꿈과 현실 사이는 멀지만 가깝게 좁혀가려고 노력해야 한다. 조직도 마찬가지다. 이상적인 조직문화를 형성하기 위해서는 함께 하는 사람 생각을 공유하는 것이 중요하다. 각자 걸어온 인생사! 각자 익숙한 습관들! 문화! 조금씩 터놓고 얘기하면서 부딪힘으로써 생각의 간극을 좁혀나가야 한다.

전국 임원진(이사)들 30여명이 모처럼 비행기에 몸을 싣고 생각을 좁히고 문화를 같이하기 위해 30여 명이 해외로 나갔다. 장소 선택은 이사 회의에서 결정되었다. 그다지 경비도 부담되지 않고 관광지로 인식된 베트남! 저마다 공항패션을 뽐내는 모습부터 흥분이다. 밤에는 늘 회장이 자고 있는 방에서 모인다. 맥주 1캔씩을 놓고 토론을 한다. 어떻게 하면 우리 피부미용사회중앙회가 발전할 수 있을까? 이사님들의 생각이 좁혀 질까?로 시작한다. 지회 발전은 어느 방법이 좋을까? 토론의 밤은 지칠 줄 몰랐다.

베트남 다낭 2018.11.12.

4. 외연을 확장하다

○ 중앙회 사회공헌 활동 성과

중앙회, 한국산업인력공단으로부터 NCS 기반 신직업자격 개발 사업 협조 공로로 감사패 받아

협회는 능력 중심 사회 조성을 위한 NCS 기반 신직업자격개발사업이 성공적으로 조성될수 있도록 나눔 정신을 바탕으로 적극 협조한 공로로 2015년 11월 17일 한국산업인력공단으로부터 감사패를 받았다.

협회가 감사패를 받은 것은 그동안 광범위하게 전개해온 다양한 사회공헌활동과 유관기관과의 업무협조체계구축이 성과를 거둔데 따른 것으로 평가된다.

중앙회 사회공헌 활동 성과

구 분	활동 성과	비고
2008. 1.27	충남 태안군 기름 유출 봉사활동 및 기부금 전달	충남 태안군
2008. 5.23	인천시 장봉도 혜림재활원 봉사활동 및 기부금 전달	혜림 재활원
2008.12.13	기독교 방송 주관, 2008 소년 소녀 가장 돕기 불우이웃성금 전달	기독교 방송
2009. 2. 1	국가자격검정사업발전기여	한국산업인력공단
2009.12.21	불우이웃돕기 성금, 신수동 주민센터 전달	신수동 주민센터
2013. 6. 28	오송화장품 뷰티세계박람회 개최 기여	오송화장품 뷰티세계박람회 조직위원회
2022.11.10	대한민국 우수협 단체상 (혁신부문)	한국협단체전문가협회 (이데일리)

○ 조수경 회장 대내외 활동 경과

조수경 회장, 국제기능올림픽 대회 심사위원으로 위촉 받아

조수경 회장은 2010년 9월 7일 국제올림픽위원회 한국위원회 회장으로부터 2010년 개최되는 제45회 전국기능경기대회 피부미용 부분 심사심사장으로 위촉되어 활동하였다.

또한 2010년에 이어 2011년 에도 계속 심사장으로 활동하였으며, 2011년 9월29일 부터 열린 제41회 영국 런던 국제기능올림픽대회 피부미용종목 국제심사위원으로도 위촉되어 대회 기간 중 활동하였다.

조 회장의 이와같은 국내외 활동은 날로 높아지고 있는 협회이 위상과 함께 조 회장 개인의 역량을 드러낸 것이다.

조수경 회장 대내외 활동 경과

구 분	활동 내용	비고
2010.9.7.~2011.9.4	제45회 전국기능경기대회 피부미용분가 심사장 참여(2010,2011,2012)	국제기능올림픽대회 한국위원회
2011. 9. 29	제41회 영국 런던 국제기능올림픽대회 피부미용종목 국제심사위원 활동	국제기능올림픽대회 한국위원회
2019.8~2024.3 현재	전국공중위생단체연합회 총회장 취임	전국공중위생단체연합회
2023.4.20	직능경제인단체총연합회 상임 부회장 취임	직능경제인단체총연합회
2023. 7.27	아시아투데이 자문위원 위촉	아시아투데이
2023. 10.25	대한적십자사 자문위원 위촉	대한적십자사
2001. 9.15	피부관리교과용 도서심의의회 심사의원 위촉	교육부장관
2001. 7.14	보령 머드 축제 머드아가씨 선발대회 심사위원	보령시
2002. 7.1	소년원 보호소년 지도위원	법무부장관
2008. 1. 3	특성화 사업 산학협력위원	고산관광정보고등학교장
2003.9.23	국가직업능력표준개발전문위원	한국산업인력공단 이사장
2009.10.27	직업능력개발계좌 적합 훈련과정 심사위원	한국직업능력개발원장
2011.1.13	뷰티산업진흥위원회 위원	보건복지부 장관
2011. 3. 19	직무분야전문위원회	국가기술자격정책 심의위원회 위원장
2012. 1. 19	남원시 투자유치 자문위원	남원시(시장 이환주)
2013.5. 30	제4기 뷰티아카데미 프로그램 자문위원	한국보건산업진흥원장
2014. 3. 1~2016. 2.29	경기도 뷰티산업진흥위원회 위원	경기도지사

○ **업무협약**

중앙회는 조직 안정과 사업 확장을 계기로 유관기관과의 업무협약을 통해 계속적으로 외연을 넓혀 나가고 있다.

업무협약 현황

일 시	협약 기관	협약 내용
2016.05.13	㈜중소상공인지원단	녹색 연금 개발, 회원들의 노후대비 기여
2017.07.28	한국보건복지인력개발원	뷰티산업 인재 양성 교육·정책개발
2017.08.29	대한산업보건협회	회원 및 고객의 건강검진, 예방접종 제공
2017.12.04	제주대학교	학생교육 및 연수 프로그램 운영 협력
2018.07.03	서울지방고용노동청	기초노동질서 정착으로 노사분쟁예방
2018.11.18	중화전국상공업연합회	포괄적 공동사업 진행으로 국제교류협력
2019.06.04	세무법인 청솔	세무 관련 상담 등으로 이익 증대
2019.06.27	서울특별시	제로페이 가맹점 확대 및 이용 확산
2021.04.14	동명생활경영고등학교	강사 교류, 공모전 협조, 프로그램 공유 등
2021.10.28	신안산대학교	기술·정보교류, 뷰티관련 프로그램 공유 등
2022.05	진주보건대학교	우수인재지원, 취업협조 등
2022.06.02	한국산업인력공단	국가자격시험 수험생과 피부미용업 소상공인의 상생 생태계 지원

■ ㈜중소상공인지원단과 업무 협약(2016.05.13.)

중앙회는 2016.05.13. 피부미용 자영업자 및 종사자를 대상으로 한 녹색연금 등 보급을 위한 사업 추진을 위해 ㈜중소상공인지원단과 업무협약을 체결하였다.

㈜중소상공지원단은 KDB생명과 공동으로 중소상공인(자영업자) 전용 녹색연금 등을 개발하여 중앙회에 제공하고, 중앙회가 제공한 교육 등 행사장에서 회원에게 발생한 계약에 대해 납입금의 80%를 후원금으로 지급함으로써 중앙회는 이를 통해 회원들의 노후대비 및 금융 재테크에 기여토록 하였다.

㈜중소상공인지원단(2016.05.13.)

■ 한국보건복지인력개발원과 업무협약(2017.07.28.)

중앙회는 2017.07.28. 한국보건복지인력개발원과 인재양성을 위한 업무협약을 체결하였다.

양 기관은 협약을 통해 뷰티산업 인재 양성 교육 기획·운영, 뷰티산업 인재 양성 정책개발 및 조사·연구, 뷰티산업 일자리 창출을 위한 인력양성 관련 정보 공유, 국내외 협력 네트워크 구축 및 인적·물적 지원 교류 등에 관해 상호 협력하기로 하였다.

한국보건복지인력개발원(2017.07.28.)

■ 대한산업보건협회와 업무협약(2017.08.29.)

중앙회는 회원들의 건강관리를 위해 2017.08.29. 대한산업보건협회와 업무협약을 체결하였다.

중앙회는 전국 17개 산업보건센터와 연계해 회원 및 고객에게 대한보건산업협회의 맞춤형 건강검진, 예방접종 등 서비스를 제공할 수 있게 되었다.

대한산업보건협회(2017.08.29.)

■ 제주대학교와 업무협약(2017.12.04.)

중앙회는 2017.12.04. 건강뷰티산업을 이끌어갈 인재양성의 학생 교육 및 연수 프로그램의 운영에 있어 상호 협력적 네트워크 구축을 위해 제주대학교 미래융합대학 건강뷰티향장학과와 업무협약을 체결하였다.

협약을 통해 양 기관은 학생 교과과정 운영(교육, 실습, 현장실무, 인턴, 교재개발, 연구), 학생 모집 및 고객 확보(홍보, 추천, 마케팅 개발), 대외지원 사업 신청 시 프로그램의 공동 개발 및 추진, 시설물의 이용 등에 있어서 상호 협력함으로써 기관의 상생발전에 기여토록 하였다.

제주대학교(2017.12.04.)

■ 서울지방고용노동청과 업무협약(2018.07.03.)

중앙회는 피부미용산업에 기초노동질서(서면근로계약 체결, 임금체불 예방, 최저임금 준수 등)가 성공적으로 정착되어 노사 간 분쟁을 사전에 예방함은 물론, 제도적·행정적 지원으로 피부미용이 뷰티산업으로 원활하게 성장할 수 있도록 협력체계를 구축할 목적으로 2018.07.03. 서울고용노동청과 업무협약을 체결하였다.

협약을 통해 서울고용노동청은 사업주 대상 필수 노동법 교육을 지원하고, 중앙회 회원사가 '자율점검 체크리스트'를 제출할 경우, 이를 검토하여 기초노동질서 점검 사업장 선정 시 적극 반영하고, 중앙회는 회원사를 대상으로 다양한 홍보활동을 전개하고 자율점검에 적극 동참토록 유도하여 기초노동질서가 산업 내 조속히 정착될 수 있도록 노력하기로 하였다.

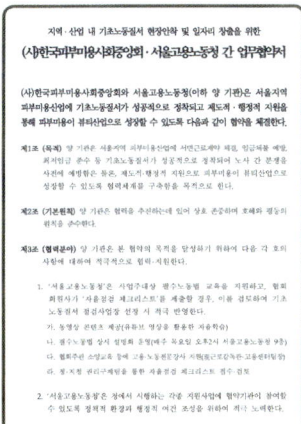

서울고용노동청(2018.07.03.)

■ 중화전국공상업연합회와 업무협약(2018.11.18.)

중앙회는 외국기관으로는 처음으로 2018. 11. 18. 중화전국공상업연합회 미용화장품업상회 피부관리교육전문위원회와 업무협약을 체결하였다.

협약을 통해 양 기관은 대·내외 추진 사업 부문에 대하여 양 기관의 노하우를 바탕으로 글로벌시대를 기반으로 한 포괄적 공동사업 진행에 합의하여 원활한 상호 협력 교류를 하기로 하였다.

중화전국공상업연합회(2018.11.18.)

■ 세무법인 청솔과 세무관련 업무협약(2019.06.04.)

중앙회는 사업 협력을 통한 중앙회의 발전과 이익 증대를 위해 2019.06.04. 세무법인 청솔과 업무협약을 체결하였다.

협약을 통해 청솔은 중앙회가 요청하는 경우 상호 합의된 조건에 따라 세무관련 상담을 제공하고, 중앙회는 청솔이 요청하는 경우 상호 합의된 조건에 따라 자료를 제공하며, 양 기관은 필요에 따라 각종 세미나, 교육, 포럼과 같은 부대사업을 상호 협의 하에 진행하기로 하였다.

세무법인 청솔(2019.06.04.)

■ 서울특별시와 제로페이 활성화를 위한 업무협약(2019.06.27.)

중앙회는 제로페이 가맹점 확대 및 소비자 이용 확산 등을 통한 제로페이 활성화를 위해 2019.06.27. 서울시 5개 지회(강남·서초 지회, 강서·양천 지회, 마포·용산 지회, 은평·서대문 지회, 종로·동대문·중구·노원·도봉 지회)와 함께 서울특별시와 업무협약을 체결하였다.

협약을 통해 서울특별시는 공공의 자원을 활용하여 소비자 이용 확산을 위해 적극 노력하고, 중앙회 및 서울시 5개 지회는 제로페이가 결제 수수료 부담을 완화한다는데 인식을 같이하고 서울시 5개 지회에 소속된 회원들이 제로페이의 가맹점으로 가입할 수 있도록 적극 지원하기로 하였다. 이 협약에는 (사)한국네일미용사회, (사)한국메이크업미용사회 등이 함께 했다.

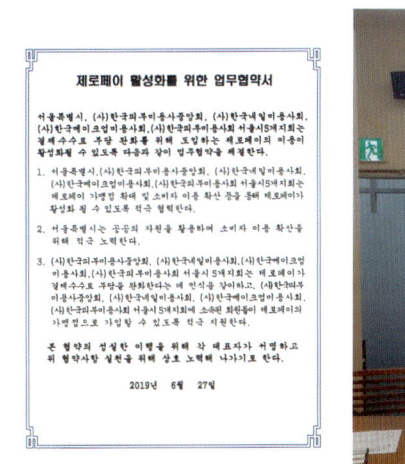

서울특별시청 제로페이(2019.06.27.)

■ 동명생활경영고등학교와 산학협력 협약(2021.04.14.)

중앙회는 2021.04.14. 뷰티산업의 발전, 교육 증진 및 상호 발전을 위해 동명생활경영고등학교와 산학협력을 위한 업무협약을 체결하였다.

협약을 통해 양 기관은 교육과정의 원활한 진행을 위한 상호 간 강사 교류, 중앙회에서 시행하는 대회 및 공모전에 적극 협조, 뷰티 관련 프로그램 공유 및 개발, 교육기자재 및 교육 시설에 대한 협조 등을 위해 긴밀히 협력하기로 하였다.

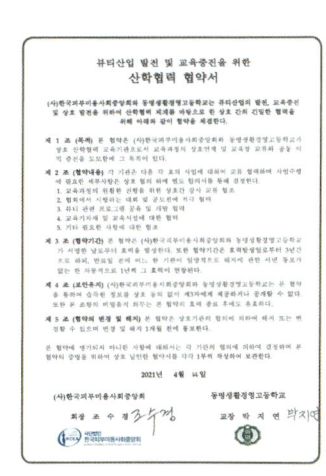
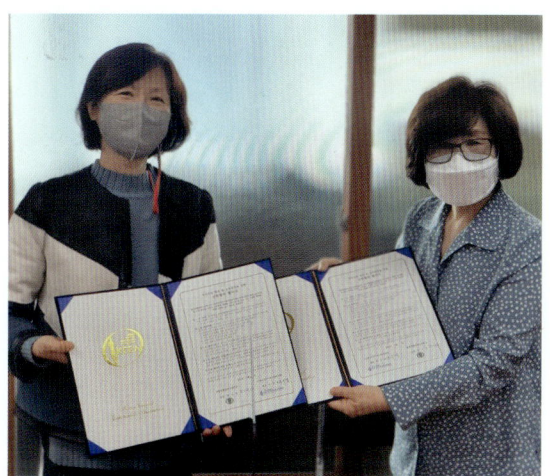

동명생활경영고등학교(2021.04.14.)

■ 신안산대학교와의 산학협력 협약(2021.10.28.)

중앙회는 2021. 10. 28. 뷰티산업발전과 교육 증진을 도모하기 위해 신안산대학교와 산학협력을 위한 협약을 체결하였다.

양 기관은 협약을 통해 기술·정보 상호 교류, 중앙회에서 시행하는 대회 및 공모전 등의 참여와 학교시설 대관 등의 지원, 뷰티 관련 프로그램 공유·개발, 교육기자재 및 교육시설에 대한 협력 및 장학 혜택 제공 등에 협력하기로 하였다.

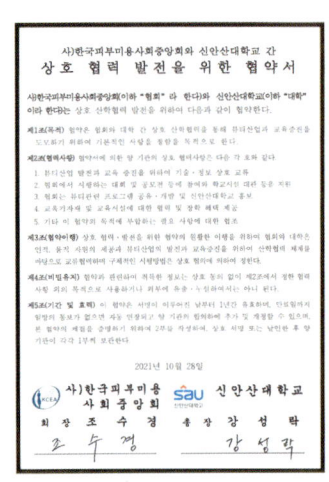

신안산대학교_사진(2021.10.28.)

■ 서울사이버대학교와 산학협력 협약(2021.11.09.)

중앙회는 21세기 정보화·전문화 시대가 요구하는 새로운 이론과 기술의 공유를 위해 2021. 11. 09. 서울사이버대학교와 산학협력을 체결하였다.

양 기관은 협약을 통해 뷰티산업 발전과 교육 증진을 위하여 기술·정보를 상호 교류·협력하기로 하였다.

중앙회는 대학에 임직원 및 회원 중에서 자격을 갖춘 자를 학생으로 추천하며, 대학은 중앙회에서 추천한 학생에게 매 학기 수업료의 20%를 장학금으로 지급하기로 하였다.

또한 대학은 특별 교육과정의 운영을 위하여 중앙회의 임직원 중 교수 자격을 갖춘 자를 외래교수로 위촉할 수 있으며, 중앙회가 추진하는 대회 및 공모전 등 사업에 학교시설을 대관하는 등 적극 협력·지원하기로 하였다.

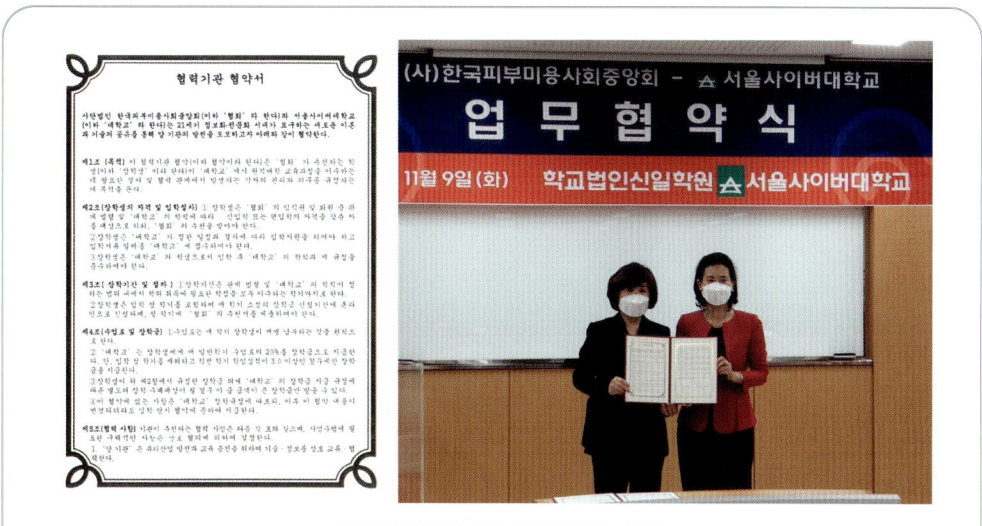

서울사이버대학교(2021.11.09.)

■ 진주보건대학교와 산학협력 협약(2022.05.)

중앙회는 해당 분야의 우수한 전문 인력 육성과 상호 발전에 기여할 수 있도록 2022.05. 진주보건대학교와 산학협력을 체결하였다.

협약을 통해 양 기관은 현장실습 및 취업에 관한 공동 노력, 현장 맞춤형 교과 학습 교환 및 공유를 도모하고 나아가서 우수인재 인력지원이나 취업대상자 취업 협조를 촉진하기로 하였다.

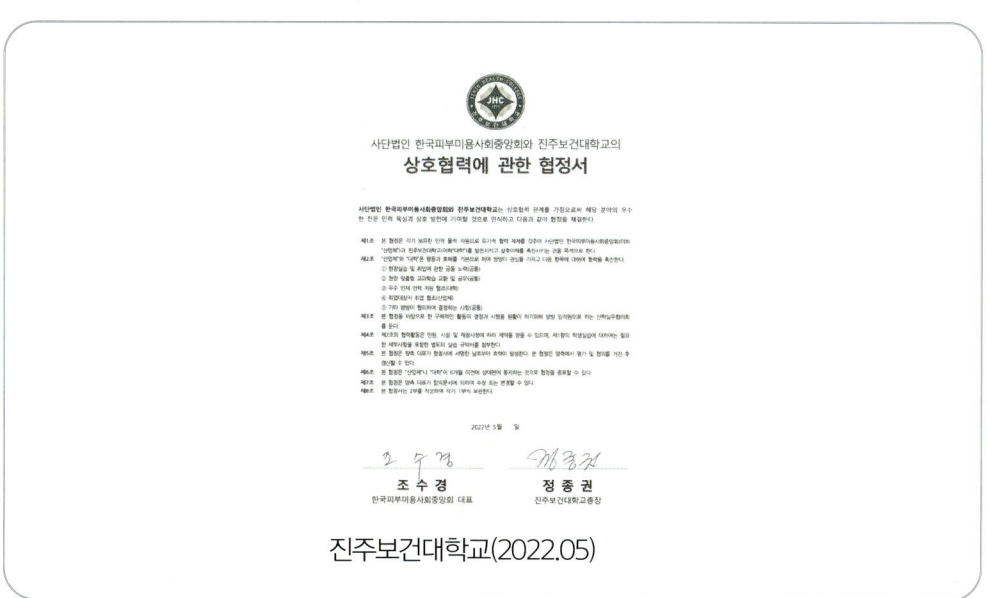

진주보건대학교(2022.05)

■ 한국산업인력공단과 동반성장 관련 협약(2022.06.02.)

중앙회는 국가자격시험 수험생과 피부미용업 소상공인의 상생 생태계 조성을 지원하기 위하여 2022.06.02. 한국산업인력공단과 협약을 체결하였다.

양 기관은 협약을 통해 국가자격시험 수험자 대상 피부미용 서비스 요금의 20% 할인 혜택 부여(2022.07.01. ~ 2023.06.30.), 피부미용 회원업소 통계 등의 지속적 관리 및 참여 업소 확대, 각종 위원회와 전문가 회의 시 상호 교류 활성화 등을 상호 협력하기로 하였다.

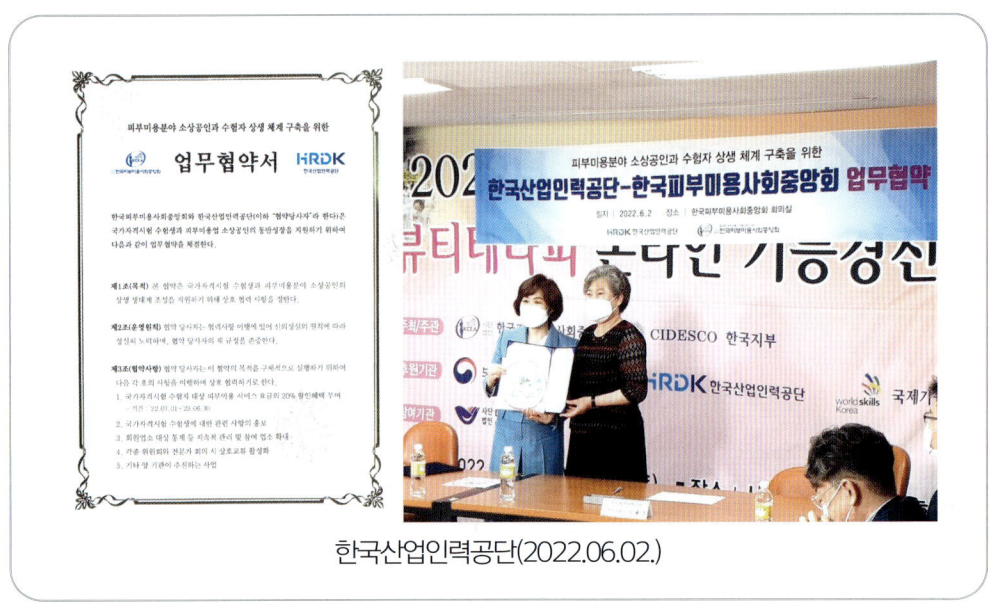

한국산업인력공단(2022.06.02.)

5. 무대를 세계로 넓히다

○ 국제 CIDESCO 본부와의 원활한 업무협조

중앙회는 2011년 6월 제60차 국제 CIDESCO 한국 국제피부미용 총회 및 박람회를 성공적으로 개최한 후 여세를 몰아 국제 CIDESCO 본부와의 유기적인 협조 체제를 유지하고 있다.

2012년 10월 제66차 국제 CIDESCO 스위스 총회, 2013년 4월 제61차 국제 CIDESCO 중국 총회 및 박람회, 2014년 10월 제62차 국제 CIDESCO 그리스 아테네 총회 및 박람회 등에 계속 참석하여 날로 발전하는 세계 피부미용 관련 정보 획득은 물론 국가 브랜드 인지도를 확대해 나가고 있다.

최근 들어서도 2019년 9월 제68차 CIDESCO 미국 시카고 세계 총회 및 박람회, 2022년 9월 제71차 CIDESCO 인도네시아 발리 세계 총회 및 박람회에 참석하여 피부미용산업 경쟁력 재고를 위한 기반을 강화하였다.

제60차 CIDESCO 국제피부미용 총회 및 박람회 (2011. 6. 28 ~ 7. 3, 한국 코엑스)

제71차 CIDESCO 국제피부미용 총회 및 박람회 (2022. 9. 14~19, 인도네시아 발리)

제71차 CIDESCO 국제피부미용 총회(2022. 9. 16, 인도네시아 발리)

연도	국제CIDESCO 총회 개최 현황
1989	대한미용사회중앙회 피부분과위원회 결성
1999	조수경 11대 위원장 처음으로 싱가폴 총회 참석
2000	제50차 이태리 총회 참석, 한국총회 유치 선정
2002	제51차 영국총회 '2005년 한국총회' 유치 결정
2003	제52차 호주 총회에서 대한미용사회중앙회 방해로 지부지위와총회 개최권 박탈
2005	제54차 뉴욕총회 한국지부 재가입
2006	제55차 아테네 총회 '2011년 한국총회' 유치 P.T
2007	(사)한국피부미용사회 창립제56차 말레이시아 총회 '2011년 한국총회' 유치 선정
2008	제57차 바르바덴 총회 '2011년 한국총회' 유치 결정
2009	제58차 일본 교토 총회
2010	제59차 스톡홀름 총회
2011	제60차 6월 28일~7월 3일 서울 총회
2012	스위스 회의 참가
2013	제61차 중국우한 총회 참가조수경 회장 금상 수상
2014	제62차 그리스 아테네 총회
2015	제63차 남아프리카공화국 총회
2016	제64차 아일랜드 총회
2017	제65차 인도 뭄바이 총회
2018	제67차 스톡홀름 총회
2019	제68차 시카고 총회
2020	제69차 화상 회의
2021	제70차 화상 회의
2022	제71차 인도네시아 발리 총회

파워 인터뷰

찬란한 역사를 말하다

백서 발간은 미래를 위한 작업입니다

전 한국피부미용사회중앙회 감사 **김경숙**

 삼십대 말에 협회에 입문해서 중앙회 감사를 15년 동안 하고 62세에 퇴임하기까지 한국피부미용사회중앙회에서 조수경 회장님을 모시고 전국의 임원진들과 함께 많은 일이 있었습니다.
 한국피부미용사회중앙회 백서를 만든다는 소식에 지난 시간들이 주마등처럼 밀려와 많은 회한이 몰려옵니다.

 조수경 회장님과 함께 피부미용사 자격증을 반대하던 강력한 단체들과 치열했던 투쟁의 시간들은 긴 거리 마다 않고 전국에서 모인 피부미용인들의 염원이 함께한 시간이었습니다.
 비록 숫자는 적을지 몰라도 피부미용사 자격증을 합법화하기 위한 열의는 결코 적지 않은 힘이었습니다.

 수많은 단체의 반대 속에서도 2007년 보건복지부로부터 승인이 떨어진 순간, 그동안의 힘듦이 다 보상받는 느낌이었습니다.
 중앙회를 만드는 시간을 함께 했다는 것만으로도 가슴 벅차고 설렜습니다.

 빨간 리본을 손목에 달고 하나의 목소리를 외쳤던 시간, 조수경 회장님의 삭발 모습은 평생 잊을 수 없습니다.
 작은 힘들이 모여 사단법인 설립, 자격증 국가고시 신설 등을 이룰 수 있었습니다. 그 자리를 함께 했다는 것이 제 생애 가장 보람입니다.

 4차 산업혁명이 진행되고 인공지능이 모든 일자리를 대체한다 해도 우리가 하고 있는 일은 인간이 아니면 할 수 없는 일이라 생각합니다. 사람의 피부를 관리한다는 건, 피부만이 아니라 사람의 상태를, 마음까지 관리하는 일이기 때문입니다.

 삼십만 피부 미용인들이 자부심을 갖고 전문가로서 우리 산업이 더욱 발전하기를 바랍니다.
 기록은 살아있는 우리에게도 소중하지만 다음을 이어갈 후배들에게도 소중한 자산입니다.
 이렇게 귀중한 자산을 묶어주신 조수경 회장님께 감사드립니다.
 그리고 백서 작업에 함께해 주신 많은 분들에게도 감사드립니다.

 아직 우리가 우리의 권리를 찾기 위해 남은 것들은 후배들에게 맡깁니다.
 한국피부미용사회중앙회 백서 발간을 진심으로 축하하며 중앙회의 무한한 발전을 기원합니다.

파워 인터뷰
찬란한 역사를 말하다

한국 피부미용산업과 CIDESCO와의 관계

한국피부미용사회중앙회 자문위원 **조규태**

과거 : 2000년도부터 긴 과정의 우여곡절을 딛고 한국피부미용사회가 전 세계 피부미용단체의 연합체인 CIDESCO에 정회원으로 가입한 이래 2011년 6월, 6일간에 걸쳐 CIDESCO 제60차 세계총회 및 박람회를 33개국에서 연인원 5만 4천여 명의 피부미용관계인들이 서울 코엑스 컨벤션 센터에 모여서 역사상 가장 성공적인 행사로 치르고 난 이후에는 매년 개최되는 총회에서 한국은 항상 중요한 역할을 담당하여 참여하는 한편 국내의 피부미용인들에게도 CIDESCO와의 긴밀한 교류를 통해 선진 기술 및 새로운 추세 등 정보교류와 교육을 매개로 우리나라 피부미용 산업의 발전을 도모해 왔습니다.

이러한 활동에 있어 조수경회장님의 공로를 인정 받아 2013년도 중국우한에서 개최된세계총회에서는 전 세계의 피부미용인들의 축하를 받으며 '피부미용대상 (CIDESCO MEDAILLE D'OR)'을 수상하였습니다.

현재 : 근래에 들어 세계를 강타한 엄중한 코로나 사태하에서도 업계의 지속적인 발전을 위한 시도로 그동안 매년 대형 체육관을 대관하여 개최해오던 피부미용 경진대회를 대면 현장 진행이 아니라 오히려 규모가 더 커진 비대면 온라인 대회로 구성하여 수년간 성공적으로 개최하자 시의적절하고 창의적인 대회 진행에 전 세계 피부미용업계가 관심을 가지고 CIDESCO의 본부는 물론 주요 국가에서도 그 운영 방법과 성과 등을 문의 받는 등 세계 피부미용업계와의 협력관계도 확대하면서 한국 피부미용업계의 존재감도 증대시키고 있습니다.

미래 : 나날이 변화해가는 전 세계 피부미용산업계에 적응하고 CIDESCO와의협력관계를 확중하기 위해서는

첫째, CIDESCO의 새롭고 전문화된 프로그램 소개
 - 학교, 학원, 살롱, 스파, 제품, 네트워킹

둘째, 전문 인력 개발 및 교류
 - 교수, 강사, 감독관 및 각종 디플로마 취득자 확대

셋째, 공동 마케팅 및 사업 개발
 - 전시회, 세미나, 워크숍, 스폰서, 일자리 알선 등 보다 간절한 접촉과 소통이 필요합니다.

파워 인터뷰
찬란한 역사를 말하다

한국피부미용사회중앙회는 여러분의 First Name입니다

동방문화대학원대학교 석좌 교수(교육학박사) **김문주**

'한국피부미용사회중앙회 15년사' 백서 편찬을 진심으로 축하드립니다. 한국피부미용사회중앙회는 몇 십년이 소요되는 중요한 피부미용 관련사업 과제를 단시일에 완벽하게 이루어 냈습니다.

보건복지부의 사단법인 승인, 피부미용 국가자격증제도 도입, 특히 KC인증 미용기기의 합법적 사용등 피부미용인의 권리와 이익, 지위향상을 위해 실천하는 협회로 매순간 노력하고 발전하고 있습니다.

회원 여러분 각자께서는 열심히 다른 위치에서 지키고 있지만, 한국피부미용사회중앙회는 여러분의 First Name입니다.

각 대학의 미용전공 학문이 피부미용관련 학과라는 명칭으로 시작되었다는 것을 교육자인 저는 선명하게 기억합니다.

우리 인간은 필요한 무엇이든 창조할 수 있는 능력을 가졌으며, 이 능력은 마음의 힘입니다. '잡초' 저는 이 단어를 소중하게 사랑합니다.

이 순간 이 단어를 쓰고 싶습니다.
잡초 같은 강인한 생명력, 책임감, 용맹스런 리더쉽, 한낮에 찌는 더위는 "나의 시련 일지라" 라는 노랫말이 생각나는 인간 조수경 회장님을 아주 오랫동안 인간적인 존경과 동경의 눈으로 보아 왔습니다.

유일하게 여성만으로 구성된 열정적인 한국피부미용사회중앙회 입니다. 우리나라 피부미용 산업의 미래가 여러분의 단결의 힘에 달려 있다는 사명감으로 미래에 더욱 풍성한 수확을 갖는 확신의 순간이 되시기를 바랍니다.

15년사 백서 편찬을 뜨거운 마음으로 축하드립니다.

통계로 보는 피부미용사

○ 피부미용사 국가기술자격 취득자 연도별 현황

(단위: 명)

연도	취득자수									
	~2015	2016	2017	2018	2019	2020	2021	2022	2023	누계
인원	162,581	15,021	11,907	10,753	10,161	7,358	8,278	11,400	10,612	248,071

출처: 큐넷(2024)

○ 피부미용영업소 현황

(단위: 개, 위생교육 대상자 인원 기준))

연도	영업소 수									
	2008	2009	2016	2017	2018	2019	2020	2021	2022	2023
업소수	512	6,077	20,429	21,307	22,333	26,959	27,024	29,132	31,478	32,852

○ 피부미용사 국가기술자격 응시 및 합격자 현황

(단위 : 명, %)

연도	필기			실기		
	응시	합격	합격률	응시	합격	합격률
2023	34,423	17,068	49.8	29,727	10,612	44.6
2022	33,613	16,074	48.7	26,365	11,400	49.2
2021	35,687	17,776	49.2	19,817	8,278	45.7
2020	33,138	16,209	47.5	17,526	7,358	47.5
2019	36,223	15,973	42.8	23,975	10,161	44.7
2018	39,848	17,212	40.9	27,677	10,753	41.8
2017	44,832	18,159	40.5	31,923	11,907	37.3
2016	53,511	22,156	41.4	40,497	15,021	37.1
2015	51,397	19,801	38.5	37,652	13,752	36.5
2014	68,971	23,308	33.8	42,392	14,147	33.4
2013	80,265	33,439	41.7	49,004	17,288	35.3
2012	62,386	30,496	48.9	41,768	16,976	40.6
2011	43,413	29,612	68.2	45,345	20,004	44.1
2010	62,725	37,089	59.1	55,518	24,862	44.8
2009	73,890	34,825	47.1	63,649	32,379	50.9
2008	66,543	50,477	75.9	41,119	23,173	56.4
합계	820,865	399,674	48.4	593,954	248,071	43.1

출처: 큐넷(2024)

주요 연표

▼ 피부미용제도화 이전

1999년	주요 연혁 내역
1989. 1.10	대한미용사회중앙회 내 '피부분과위원회' 결성
1999. 9.14	"피부미용자격제도 신설" 촉구결의대회(한나라당 당사)

2000년	주요 연혁 내역
2000. 6. 7~8	피부과·성형외과 의사들의 피부미용 행위 근절 시위(여의도 새정치국민회의 앞)
2000. 7. 24	노동부 피부미용사 국가자격 신설 하반기 첫 시험 예정 발표
2000. 11.28	공중위생관리법 개정 청원(청원인:조수경 / 소개-국회의원:김홍신)

2001년	주요 연혁 내역
2001. 2. 9	대한미용사회중앙회와의 '피부분과위원회' 결별선언
2001. 2.15	가칭 사단법인 한국피부미용관리사협회 발기인대회
2001. 9. 5	보건복지부, 피부미용사 국가기술자격 신설을 위한 '공중위생관리법 개정'에 대한 연구용역 의뢰(한국보건사회연구원)

2002년	주요 연혁 내역
2002. 2.28	한국보건사회연구원, '피부미용자격 신설에 대한 연구결과 공청회', 피부미용전문자격 분리 타당 결론
2002. 4.28	대한한의사협회,'한방피부미용사협회' 창립 저지시위
2002. 5.24	'전국 피부미용사자격제도 추진' 촉구 결의대회(과천정부청사 앞 잔디마당)
2002. 5.27	"피부미용 국가자격 신설" 촉구 조수경 회장 1인 시위 (보건복지부 장관·국장 집 앞 – 2003년 8월까지)
2002. 7.24	'피부미용사자격제도 추진' 전국 회원촉구결의대회 (청와대, 여의도 당사 앞)

2003년	주요 연혁 내역
2003. 4.25	의료기기 & 피부미용기기대책 방안 식약청회의 참석
2003. 7.15	'피부관리사제도' 신설을 위한 공중위생관리법 개정 청원서 국회 제출 (3차, 청원인 : 조수경)
2003. 9.23	한국산업인력공단 주최 '피부미용직무 전문가회의' 참석
2003. 9.25	"피부미용사 국가자격 신설" 촉구 결의대회 (청와대 앞)
2003.12.23	국회 보건복지위원회 법안심사소위원회, '공중위생관리법 개정청원' 심사통과(청원인 : 조수경)

2004년	주요 연혁 내역
2004. 2.27	국무총리실에 '피부미용사국가자격 신설 추진촉구' 민원제출 (1차 : 2004. 2.27. 2차 : 2004.7.13.)
2004. 7.26	보건복지부, "피부미용사국가자격 신설촉구 민원에 대해 빠른 기간 내 추진약속" 공문 회신
2004.10.14	보건복지부 장관 집 앞 '단식노숙' 10일간 집회

2005년	주요 연혁 내역
2005. 2.18	보건복지부, 노동부에 "피부미용사자격 신설" 요청 공문 발송

2005년	주요 연혁 내역
2005. 2.18	보건복지부, 노동부에 "피부미용사자격 신설" 요청 공문 발송

▼ 피부미용제도화 이후

2007년	주요 연혁 내역
2007. 1. 4	가칭) '사단법인 한국피부미용사회' 창립총회 개최
2007. 2.15	가칭) 사단법인 한국피부미용사회 초대 회장단 선출 (회장 조수경, 수석부회장 4명) 및 이사(20명) 임명
2007. 4. 5	사단법인 한국피부미용사회 설립(대표이사 조수경, 보건복지부 제327호) 허가
	보건복지부, 공중위생관리법 시행규칙 일부 개정안 (피부미용업-일반미용업 분리) 공포·시행
2007. 4.18	사단법인 한국피부미용사회 창립식(63빌딩 국제회의장)
2007. 5.29	'뷰티산업 활성화 방안 : 피부미용실 시설설비기준' 제1차 토론회 개최
2007. 7. 9	노동부, 국가기술자격법 시행규칙 일부 개정안(미용사(피부)국가기술자격 신설) 공포·시행
2007. 7.25	'K-TV 노동정책 피부미용사' 소개 홍보 방영
2007. 8.15	전국지회 임원진단합대회(충북 수안보 상록호텔) 개최
2007. 8.27	'피부미용기기 재분류 관련' 제1차 공청회 개최(서울교육문화회관 200명 참석)
2007. 9.18	'피부미용 실기교본' 출판기념회(서울교육문화회관)
2007.10.23	제56차 국제CIDESCO 말레이시아 세계총회 참석 『2011년 국제CIDESCO 한국세계총회』유치 신청
2007.11.22	공중위생관리법 일부 개정안(피부미용업 분리독립, 단체 위생교육실시 등) 청원(청원인:조수경, 대표발의:국회의원 장복심)
2007.12. 5	제8회 피부미용 학술연구 및 임상발표회 개최
2007.12.11	한국산업인력공단 '피부미용사 시험기준안 관련 전문가회의' 참석
2007.12.24	한국경제TV '제192차 직업 휴먼스토리 아름다운사람들' 피부미용사 인터뷰홍보

2008년	주요 연혁 내역
2008. 1.16	한국경제TV 'WOW 피부미용사국가자격증' 관련 생방송 출연 홍보
2008. 1.27	충남 태안군 기름유출 봉사활동 및 기부금 전달
2008. 1.31	제2차 2008년도 정기총회
2008. 4.12	2008년 피부미용 학술세미나 및 기자재 박람회 개최(서울무역전시장)
2008. 5.19	대한의사협회가 헌법소원 청구한 '공중위생관리법 제8조제1항 위헌 확인 건' 접수(법무법인 세종)
2008. 5.23	인천시 장봉도 혜림재활원 봉사활동 및 기부금 전달
2008. 5.28	보건복지부 출입기자단 대상 "피부미용사제도관련 의사협회의 헌법소원청구" 브리핑 간담회
2008. 6.19	대한의사협회가 헌법소원 청구한 '공중위생관리법 제8조제1항 위헌' 건 대응
2008. 6.26	보건복지부, 공중위생관리법 시행령 일부 (제4조 : 피부미용업, 일반미용업, 종합미용업 등 업종 세분화)개정안 공포 확정
2008. 6.30	중앙회 사무실 이전 및 개소식(동작구 사당동 마포구 구수동)
2008. 7.10	중앙회 '제1기 중앙회 기술강사(3명) 심의 및 결정' 배출
2008. 7.15	제57차 국제CIDESCO 독일 세계총회에서 「2011년 국제 CIDESCO 한국총회 유치」최종 확정
2008. 8. 4	보건복지부, 대한의사협회 및 협회장 대상으로 전국임원 1인 시위, "대한의사협회의 피부미용제도관련 헌법소원" 항의 강행
2008. 9. 1	전국 피부미용인 300명 규모 청와대 앞 집회, '피부미용사제도 정착·방해하는 보건복지부(의료제도과) 유권해석 철회촉구' 집회
2008. 9. 3	보건복지부장관 유권해석 '피부미용사 업무범위 중 신체 각 부위관리' 인정공문 접수
2008.10. 5	한국산업인력공단, 제1회 피부미용사 국가기술자격시험 실시(2008년 기능사5회) 시행
2008.10. 6	보건복지부 앞 "전국 피부미용사 업무관련 유권해석 의료제도과 철회 촉구"집회
2008.11.14	최초 '제1회 피부미용업주 위생교육' 실시
2008.12.13	기독교방송 주관, 2008년 소년·소녀가장 돕기 불우이웃성금 전달

2009년	주요 연혁 내역
2009. 2. 5	제3차 2009년 정기총회
2009. 3.10	보건복지부(의료제도과) 유권해석 '피부미용업무범위관련' 의사협회, 안마사협회와 협의결정 공문 접수
2009. 3.11	보건복지부(구강생활위생과), '미용업 영업신고 간판표기 내용' 공문시행
2009. 3.16	대한의사협회 헌법소원청구(2008. 5.19.) 취소문서 확인·접수
2009. 4.18	2009년 피부미용학술세미나 및 박람회 개최(서울무역전시장)
2009. 5.15	보건복지부(구강생활위생과), 공중위생관리법시행규칙 일부 (피부미용 시설기준, 칸막이 허용)개정
2009. 6.12	보건복지부 주관 '국가경쟁력강화위원회' 회의참석
2009. 8. 4	조수경 회장, 국회방송 출연 위생교육관련 홍보
2009. 8.10	조수경 회장, 공정거래위원회 주관 이.미용 개선 토론회 참석
2009. 9.15	조수경 회장, 제58차 국제CIDESCO 일본 세계총회 한국대표로 참석
2009.11.11	조수경 회장, 하나TV 연합인포맥스 인터뷰 및 촬영. 피부미용사시험 홍보
2009.11.30	서울지역 지회연합 '제1회 피부미용인의 밤' 행사
2009.12. 7	제9회 피부미용학술연구 임상발표회(서울교육문화회관)
2009.12. 9	서울특별시 간 '디딤돌사업 조인식' 체결
2009.12.21	불우이웃돕기 성금 신수동주민센터 전달

2010년	주요 연혁 내역
2010. 1.14	제4차 2010년 정기총회, 제30차 이사회 - 중앙회 조수경 2대 회장 취임
2010. 1.21	2011년 국제CIDESCO 행사 관련 보드멤버 답사팀 (켄쿠메 재무관, 로넬리 아이텐 사무총장) 내방 - 활동내용 : 보건복지부 방문, 협회 임원 미팅 및 행사 PPT설명, 행사장소 답사, 시데스코 한국스쿨 미팅
2010. 2.22	강서대학교 (그리스도KCU 개칭 2015. 9월)와 업무협약식 체결
2010. 2.23	한국산업인력공단 기능경기대회 시연회 참석 - 감독관 : 조수경 회장, 김경숙 감사
2010. 2.25	주간코스메틱 신문사와 '뉴에스테틱지 위탁 발행' 위탁계약 체결
2010. 3.31	한국산업인력공단, 2010년 민간기능경기대회 지원대상 선정 및 지원 확정 후원명칭(고용노동부, 한국산업인력공단)사용 및 우수자 시상(장관상, 국제기능올림픽대회 한국위원회회장상)
2010. 4. 1	중앙회 제2대 임원진 이.취임식 - 회장 조수경, 수석부회장(1명), 부회장(2명), 이사(22명)
2010. 4.12	2010년 피부미용학술세미나 및 박람회 개최 (서울교육문화회관)
2010. 5.24	제59차 국제CIDESCO 스웨덴 스톡홀름세계총회 참석
2010. 6.15	2011년도 국제CIDESCO 한국세계총회 및 박람회 조직위원회 발족식 (위원장 : 박순자 국회의원)
2010. 7. 3	2010년 전국 임원진 단합대회 (경주교육문화회관)
2010. 8.18	공중위생관리법 실태조사 및 공중위생수준 제고를 위한 실태조사 도구표 검토회의 참석 (한국보건사회연구원)
2010. 8.24	뷰티산업진흥법(안) 공청회 참석 (국회 헌정기념관 대회의장)
2010. 9. 7	조수경 회장, 제45회 전국기능경기대회 피부미용부문 심사장 참여
2010. 9.28	한국산업인력공단 주최 '피부미용 국가직무능력표준 보완 워크' 참석 (조수경 회장, 오명환 이사 등)
2010.11.18	2011년 국제CIDESCO 서울세계총회 및 박람회 행사준비점검관련 보드멤버 (켄쿠메 재무관) 미팅
2010.11.29	제2회 피부미용인의 밤 행사 (세종호텔)

2011년	주요 연혁 내역
2011. 1. 6	제5차 2011년 정기총회 개최
2011. 1.10	호서전문학교와 산학협력(취업정보제공, 재학생취업교육프로그램 공동개발, 시설 및 기자재 공동활용 등) 체결
2011. 2.20	조수경 회장, 제41회 영국 런던 국제기능올림픽대회 피부미용종목 국제심사위원 활동
2011. 6.28	제60차 국제CIDESCO 한국세계총회 및 박람회 개최 - 장소 : COEX컨벤션센터, 33개 회원국가 참가 - 후원 : 보건복지부, 고용노동부, 한국산업인력공단, 서울시, 　　　　한국관광공사, 서울관광마케팅 - 수상 : 피부미용실기대회 우승자 시상 (보건복지부장관상 4명, 　　　　고용노동부장관상 1명, 국제기능올림픽대회 한국위원회 회장상 2명)
2011. 8.30	조수경 회장, 제46회 전국기능경기대회 '피부미용부문' 심사장 위촉·활동
2011. 9.29	조수경 회장, 제41회 영국 런던 국제기능올림픽대회 피부미용종목 국제심사위원 위촉 활동
2011.10.16	2011년 전국지회임원진 단합대회(수안보 상록호텔)
2011.11.28	2011년도 제3회 피부미용인의 밤 행사(세종호텔)
2011.12. 1	제10회 피부미용 학술연구 임상발표회 개최(서울교육문화회관)

2012년	주요 연혁 내역
2012. 1.12	제6차 2012년 정기총회 개최
2012. 4.22	제24회 뷰티산업박람회 개최(장소 : SETEC)
2012. 6. 2	전국 시데스코 피부미용 민간기능경기대회 개최(장소 : SETEC)
2012. 7. 2	전문피부미용 학술세미나 개최(서울교육문화회관)
2012. 7.15	2012년 전국지회 임원진단합대회 개최(수안보상록호텔)
2012. 9. 4	조수경 회장, 제47회 전국기능경기대회 '피부미용부문' 심사장 위촉·활동
2012.10.11	제66차 국제CIDESCO 스위스 세계총회 한국대표로 참석
2012.11.27	제11회 임상발표회 및 뷰티산업 정책간담회 개최(서울여성플라자)
2012.12.11	보건복지부, 공중위생관리법 시행규칙 일부 (피부미용업소 시설설비기준 개선)개정안 공포
2012.12.14	중앙회 '홈페이지' 리뉴얼

2013년	주요 연혁 내역
2013. 1. 7	조수경 회장 등 25인 공중위생관리법 일부 (피부미용업 정의 및 기기근거 마련 등)개정안 입법 청원
2013. 2.14	제7차 정기총회 '제3대 중앙회 회장 조수경' 선출
2013. 3.14	제3대 중앙회 회장단 (회장 조수경, 부회장 2명, 감사 2명, 이사 20명) 및 전국 임원진 이취임
2013. 4.22	제25회 뷰티산업박람회 개최(세종대학교 광개토관)
2013. 5.12	2013년도 대한민국 CIDESCO 뷰티테라피 기능경진대회 개최 (오송 화장품뷰티세계박람회 경연대회장)
2013. 7. 7	2013년 전국 임원진 단합대회 개최(순천 청소년수련원)
2013. 8.21	2013년 전문 피부미용인 학술세미나(주제 : 줄기세포 이론 및 근육학 이론) 개최 (참석자 223명)
2013. 8.27	조수경 회장, 네일미용 국가자격제도 신설회의 참석"손발톱 각질제거로 제한"
2013. 9. 6	국회(법안심사소위원회 위원 보좌관) 정책간담회, 공중위생관리법에 4개 업종정의 및 피부미용기기제도화 협조 요청
2013. 9. 9	국회 보건복지위원회 법안심사소위원회 위원들에게 '미용기기제도화, 무면허 피부미용영업자 단속요청', 고용노동부 외국인 취업비자(F4)의 문제점 등에 대한 자료제출 및 협조요청
2013.11. 8	제61차 국제 CIDESCO 중국 우한 총회 및 박람회 참석(한국대표 임원진 40여명) 중앙회 조수경 회장 올해의 피부미용인상 수상
2013.11.20	2013년 한국 피부미용을 빛낸 국제시데스코 올해의 피부미용인상 수상기념 및 송년회 (내·외빈 200명, 르네상스호텔)
2013.12. 1	전국 지회 임원진 및 감사 회계장부정리 및 기재 교육
2013.12. 5	제12회 2013년도 임상연구학술발표회 개최(서울여성프라자, 165명 영업자 참석) 주제 : 림포테라피 바른관리 체형법, 성장인자를 활용한 기능성화장품, 행복창조 제품시리즈, 튜닝세라피 오프닝요법, 필레니나 임상연구 발표
2013.12.15	(사)한국피부미용사회중앙회 3층 교육관 개관

2014년	주요 연혁 내역
2014. 1. 9	2014년 시무식
2014. 2. 6	제8차 2014년 정기총회 개최
2014. 4.21	제26회 대한민국 뷰티산업박람회 개최(세종대학교)
2014. 5.29	2014년 대한민국 뷰티테라피 소상공인 기능경진대회 개최 (잠실 실내체육관, 참석 1,100명)
2014. 6.	고용노동부 시행 '피부미용 국가직무능력표준(NCS) 개발 연구용역' 계약체결·주관 연구기관으로 수행·개발
2014. 7. 6	전국지회 임원진 단합대회(수안보상록호텔, 임직원 460명)
2014. 7.31	2014년 피부미용학술세미나 개최(서울여성프라자)
2014.10.20	제62차 국제 CIDESCO 그리스 아테네 총회 및 박람회 참석
2014.12. 2	2014년 제13회 임상연구학술발표회(서울여성프라자)
2014.12. 2	2014년 제3회 송년의 밤 개최(르네상스서울호텔)
2014.12.22	남인순 국회의원 대표발의 공중위생관리법 일부 (미용기기제도화 및 피부미용업 정의)개정(안) 제출

2015년	주요 연혁 내역
2015. 1. 8	2015년 신년하례식
2015. 1.21	한국산업인력공단 시행 '피부미용 NCS기반 신 자격 설계사업 연구용역' 계약체결·주관기관으로 수행·개발
2015. 2. 5	제9차 2015년 정기총회 개최
2015. 3.15	제3대 중앙회 이사진 워크숍(The-K호텔)
2015. 4. 9	소상공인시장진흥공단과 '기능경진대회사업' 협약체결 및 사업추진
2015. 4.27	제27회 대한민국 뷰티산업박람회 개최(세종대학교)
2015. 6. 1	한국산업인력공단과 '미용사(피부) 출제기준' 검토회의
2015. 5.13	한국직업능력개발원 시행 '피부미용 NCS 학습모듈개발사업 연구용역' 계약체결·주관 연구기관으로 수행·개발
2015. 6. 2	한국사회복지협의회와 '멘토링 나눔문화 확산을 위한 업무협약' 체결
2015. 8.10	국제 CIDESCO 한국지부 스쿨미팅(CIDESCO본부 교육이사 참석, 중앙회 회의실)
2015. 9.14	2015년 뷰티테라피부문 소상공인 기능경진대회 개최 (잠실실내체육관, 인원 1,100명)
2015.10.12	2015년 전문 피부미용학술세미나 개최(서울여성프라자)
2015.10.18	2015년도 전국지회 임원진 단합대회(수안보상록호텔, 25개 지회 임직원 400명 참석)
2015.11.26	2015년 임원진 송년의 밤 개최(서울가든호텔)
2015.12. 3	2015년 피부미용학술연구임상발표회 개최(서울여성플라자)
2015.12.18	한국직업능력심사평가원 시행 '피부미용분야 NCS기반자격문제원형개발 연구용역' 계약체결·주관 연구기관으로 수행·개발

2016년	주요 연혁 내역
2016. 1. 7	2016년 중앙회 신년하례식
2016. 2. 1	제10차 2016년 정기총회 개최 및 제4대 중앙회 조수경 회장 추대
2016. 3.11	한국산업인력공단 시행 피부미용 NCS 및 NCS기반자격 보완사업 연구용역 계약체결 주관 연구기관으로 수행·개발
2016. 4. 3	제4대 중앙회 임원(회장 조수경, 부회장 2, 감사 2, 이사 2) 이취임 및 이사진 워크샵 개최(The-K 서울호텔)
2016. 5. 2	제28회 대한민국 뷰티산업박람회 개최(세종대학교)
2016. 6.24	한국산업인력공단 시행 '국가기술자격 및 NCS기반자격 비교연계사업 연구용역' 계약체결·주관 연구기관으로 수행·개발
2016. 9.22	2016년 전문 피부미용학술세미나 개최(서울여성프라자)
2016.12. 1	2016년 피부미용학술연구임상발표회 개최(서울여성플라자)
2016.12. 2	공중위생관리법 일부(미용기기제도화)개정안 제출(김기선 국회의원)

2017년	주요 연혁 내역
2017. 1.12	2017년 중앙회 신년하례식
2017. 2. 9	제11차 2017년 정기총회 개최
2017. 2.21	공중위생관리법 일부(피부미용업 분리정의) 개정법률안 제출 (남인순 국회의원 대표발의)
2017. 3. 5	2017년 제4대 이사진 워크숍(The-K 서울호텔)
2017. 4.10	제29회 대한민국 뷰티산업박람회 개최(세종대학교)
2017. 4.27	한국직업능력개발원 시행 '피부미용 NCS학습모듈 신규 및 보완개발 연구용역' 계약체결·주관 연구기관으로 수행·개발
2017. 5. 8	한국산업인력공단 시행 '피부미용 NCS기반 실기시험 평가방법개발 연구용역' 계약체결·주관 연구기관으로 수행·개발
2017. 6. 1	2017년 전문 피부미용학술세미나 개최(서울여성프라자)
2017. 6.21	한국산업인력공단 시행 '피부미용 국가직무능력표준(NCS) 및 활용패키지개선사업 연구용역' 계약체결·주관 연구기관으로 수행·개발
2017. 7. 2	2017년 전국 임원진단합대회 개최(수안보상록호텔, 350여명)
2017. 7.28	한국보건복지인력개발원과 '교류협력업무협약' MOU체결
2017. 8.29	대한산업보건협회와 '교류협력 업무협약' MOU체결
2017. 9.14	제65차 국제CIDESCO 인도 뭄바이 세계총회 및 박람회 참석
2017.11.23	2017년 제16회 피부미용학술연구임상발표회 개최(서울여성프라자, 450명 참석)
2017.12. 4	제주대학교와 교류협력 업무협약 MOU체결
2017.12.21	창립 10주년 기념식 및 2017년도 송년의 밤(서울가든호텔)

2018년	주요 연혁 내역
2018. 1. 4	2018년 신년하례식
2018. 2. 1	제12차 2018년 정기총회
2018. 3.10	2018년 제4대 이사진 워크숍(The-K 서울호텔)
2018. 4. 8	제30회 대한민국 뷰티산업박람회 개최(세종대학교)
2018. 6. 8	2018년도 대한민국 뷰티테라피 기능경진대회 개최 (서울 장충체육관, 1,100명 참가)
2018. 7. 8	2018년도 전국 임원진 단합대회 개최(라마다 평택호텔, 400여명 참석)
2018. 8.23	2018년도 전문 피부미용학술세미나 개최(서울여성프라자)
2018. 9. 4	제67차 국제CIDESCO 스웨덴 스톡홀름 세계총회 및 박람회 참석
2018.10.20	중앙회 피부미용교육위원회 발족
2018.11. 1	2018년 제17회 피부미용학술연구임상발표회 개최 (서울여성프라자, 420명 참석)
2018.11.19	중국 중화전국공상업연합회 피부관리교육 전문위원회(CBC)와 '피부미용업 교류협력업무 협약' MOU체결
2018.11.22	임원진 '해외 뷰티산업 파악 및 K-피부미용산업 활성화' 워크샵(베트남 다낭)

2019년	주요 연혁 내역
2019. 1.24	2019년 제13차 정기총회 및 제5대 중앙회 조수경 회장 추대
2019. 3.17	제5대 임원(회장 조수경, 부회장 1명, 감사 2명, 이사 20명) 이취임 및 워크숍 개최 (서울 여성프라자)
2019. 3.27	국회 보건복지위원회 법안심사 소위원회 공중위생관리법 일부(피부미용업 분리정의)개정안 심의의결
2019. 4.22	2019년도 제31회 대한민국 뷰티산업박람회 개최(세종대학교)
2019. 5.13	한국직업능력개발원, NCS 피부미용분야 학습모듈개발사업 연구용역 계약체결·주관 연구 수행·개발
2019. 5.31	2019년도 대한민국 뷰티테라피 기능경진대회 개최(서울 장충체육관, 1,100명 참석)
2019. 7. 7	2019년도 전국 임원진단합대회 개최(수안보상록호텔, 참석 430여명)
2019. 7.17	국회 제369회 보건복지위원회 '공중위생관리법 일부 개정안(피부미용업 정의규정)' 통과
2019. 8.	조수경 회장, 전국공중위생단체연합회 총회장 취임
2019. 8.29	2019년도 전문 피부미용학술세미나 개최(서울여성프라자)
2019. 9.17	제68차 국제CIDESCO 미국 시카고 세계총회 및 박람회 참석
2019.10.24	국회 제371회 법제사법위원회 '공중위생관리법 일부(피부미용업 분리정의)개정안' 통과(찬164인, 기권5인)
2019.10.31	국회 본회의 '공중위생관리법(피부미용-일반미용 등 분리정의) 일부개정법률(안)' 심의의결
2019.12. 4	2019년도 제18회 피부미용학술연구임상발표회 개최 (서울여성프라자, 450명 참석)
2019.12. 4	'피부미용업' 입법화 기념 및 2019년 임원진 송년의 밤 개최(서울가든호텔)

2020년	주요 연혁 내역
2020. 2. 6	제14차 2020년 정기총회
2020. 7. 6	'피부미용인의 노래' 제작 및 CD 발간
2020. 7. 12	전국공중위생단체협의회 회장 취임 공중위생관리법 적용 8개 단체 협의회
2020. 9. 3	제 74차 국제CIDESCO 세계총회 - 장소 : 중앙회 교육실, 화상회의
2020. 11. 7	(사)한국피부미용사회중앙회 제2기 교육분과위원회 위촉식

2021년	주요 연혁 내역
2021. 2. 4	제15차 2021년 정기총회
2021. 3. 4	2021년도 제5대 이사진 워크숍(중앙회 회의실)
2021. 5.27	2021년도 대한민국 CIDESCO 뷰티테라피 최초 온라인 피부미용기능경진대회 개최 (15개 종목, 832명 참가)
2021. 9.30	2021년도 전문 피부미용학술세미나 개최(온라인)
2021. 12.7	2021년 전국 임원진 워크숍 개최(서울가든호텔)

2022년	주요 연혁 내역
2022. 1.27	제16차 2022년 정기총회 개최 및 제6대 중앙회 조수경 회장 선출·취임
2022. 5.17	한국직업능력연구원 시행 'NCS 피부미용분야 학습모듈개발사업 연구용역' 계약체결·주관 연구기관으로 수행·개발
2022. 5.27	2022년 대한민국 CIDESCO 뷰티테라피 온라인 피부미용기능경진대회 개최 (15개 종목, 1,533명 참가)
2022. 7. 3	2022년도 전국 임원진단합대회 개최(수안보 상록호텔, 430여명 참가)
2022. 9.15	제71차 국제 CIDESCO 인도네시아 발리 세계총회 및 박람회 참석
2022.10.18	제32회 대한민국 뷰티산업박람회 개최(세종대학교)
2022.10.26.	2022년도 전문 피부미용학술 온라인 세미나 개최
2022.11.22	2022년도 제19회 피부미용학술연구임상발표회 개최 (서울여성프라자, 450명 참석)

2023년	주요 연혁 내역
2023. 1. 5	2023년 시무식 개최
2023. 2. 2	제17차 2023년 정기총회
2023. 4. 6	2023년 제6대 중앙회 임원진 워크숍(서울가든호텔)
2023. 4.20	조수경 회장, 직능경제인단체총연합회 제6대 상임부회장 취임
2023. 5.12	2023 대한민국 CIDESCO 뷰티테라피 온라인 기능경진대회 개최 (17개 종목, 1,678명 참가)
2023. 5.13	국제 CIDESCO 스쿨미팅(본부 홍보부장, 11개 대학 교수 13명 참석)
2023. 5.27	국제 CIDESCO 임시 영상총회(중앙회 회의실)
2023. 6.15	제3기 교육위원회 위원 위촉 및 회의(중앙회 회의실)
2023. 6.20	보건복지부, '피부미용기기 KC인증(공산품)사용 지침' 확정 시행 (시행 : 2023. 6.20. 전국 17개 시·도 시행)
2023. 6.22	중앙회 강동·송파구지회 설립인가
2023. 6.27	제33회 대한민국 뷰티산업박람회 개최(세종대학교, 86개 부스)
2023. 7.21	피부미용기기(KC인증) 사용지침 확정·시행 기념식(서울가든호텔, 300명 참석)
2023. 7.27	조수경 회장, 아시아투데이 자문위원 위촉 (아시아투데이 본사)
2023. 8.14	국제 CIDESCO 한국지부 스쿨미팅(11개 대학 교수 13명 참석)
2023. 9. 3	2023년 전국 임원진 단합대회(원주 오크밸리, 전국 임원 520명 참석)
2023.10.23	2023년 전문피부미용 학술세미나 개최(구로구민회관, 420명 참석)
2023.10.25	조수경 회장, 대한적십자사 자문위원 위촉
2023.11.27	2023년도 제20회 피부미용학술연구임상발표회 개최 (서울구로구민회관, 450명 참석)
2023.12. 2	2023년 국제 CIDESCO 온라인 총회 참석

제5장. 부록

1. 조직도
2. 역대임원
3. 현 임원
4. 이사 구성과 지회

1. 조직도

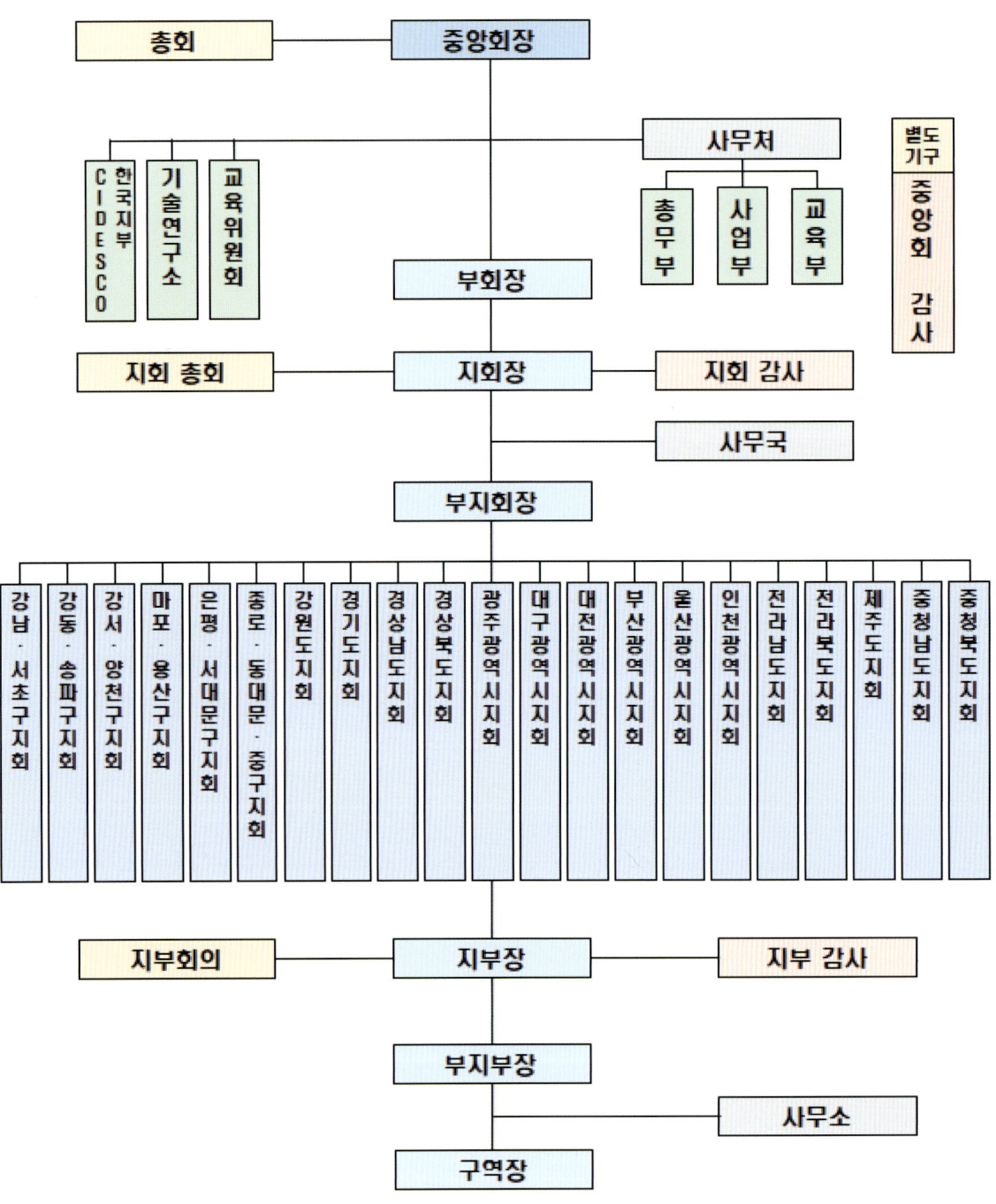

2. 역대 임원

제1대 임원진 (2007. 4 ~ 2010. 3)	
회 장	조수경
부회장	주명숙, 최성임, 이연화, 오치화, 김혜숙
감 사	김경숙, 오미선, 홍영숙
이 사 지회장	강남구 오명환, 송파구 임채정, 강서·양천구 정명자, 마포용산구 황미서, 성북·중랑구 김대분, 배정숙, 양혜경, 서초구 박은숙, 영등포구 이성자, 광주광역시·전남 김현미, 대구광역시 이정남, 대전광역시 이수옥, 부산광역시 조미애, 울산광역시 김복희, 인천광역시 김보미, 경기도 원설아, 강원도 이명숙, 경상남도 정윤자, 정영진, 경상북도 김정혜, 전라북도 장은희, 제주특별자치도 강순복, 충청남도 최희선, 충청북도 임남순

제1대 임원진

제2대 임원진 (2010. 4 ~ 2013. 3)	
회 장	조수경
부회장	주명숙, 김혜숙, 김보미
감 사	김경숙, 오미선, 홍영숙
이 사 지회장	강남구 오명환, 강동구 김승희, 송파구 오정미, 강서·양천구 정명자, 마포·용산구 황미서, 서초구 박은숙, 영등포구 이성자, 은평구 김미영, 광주광역시 김현미, 대구광역시 이정옥, 대전광역시 이수옥, 부산광역시 조미애, 울산광역시 김복희 신희제, 인천광역시 최희옥, 경기도 원설아, 허은미, 강원도 이효원, 경상남도 이외선, 경상북도 김정혜, 전라남도 이계영, 전라북도 장은희, 제주특별자치도 박순실, 충청남도 유연영, 충청북도 노연화

제3대 임원진 (2013. 4 ~ 2016. 3)	
회 장	조수경
부회장	김보미, 황미서
감 사	김경숙, 오미선
이 사 지회장	강남·서초구 박은숙, 강서·양천구 정명자, 마포·용산구 엄신희, 은평·서대문구 황민자, 광주광역시 김계현, 대구광역시 이정옥, 대전광역시 이수옥, 부산광역시 김영숙, 울산광역시 문소현, 인천광역시 최희옥, 김정숙, 경기도 허은미, 박수진, 강원도 김수정, 경상남도 장정인, 경상북도 김정혜, 전라남도 이계영, 전라북도 이은혜, 제주특별자치도 강순복, 충청남도 유연영, 충청북도 김정화

제4대 임원진 (2016. 4 ~ 2019. 3)	
회 장	조수경
부회장	김보미, 황미서
감 사	김경숙, 오미선
이 사 지회장	강남·서초구 박은숙, 강서·양천구 권은숙, 마포·용산구 강덕희, 은평·서대문구 황민자, 종로·동대문·중구 김지영, 광주광역시 김계현, 대구광역시 이정옥, 대전광역시 이수옥, 부산광역시 김영숙, 울산광역시 문소현, 인천광역시 김정숙, 경기도 박수진, 강원도 김수정, 경상남도 장정인, 경상북도 김정혜, 전라남도 이계영, 전라북도 이은혜, 마옥연, 제주특별자치도 강순복, 충청남도 김경란, 충청북도 김정화

제5대 임원진 (2019. 4 ~ 2022. 3)	
회 장	조수경
부회장	황미서
감 사	김경숙, 오미선(19.2~21.1), 김정화(21.2~22.1)
이 사 지회장	강남·서초구 박은숙, 강서·양천구 정인순, 마포·용산구 강덕희, 은평·서대문구 황민자, 종로·동대문·중구 김지영, 광주광역시 김계현, 대구광역시 최외숙, 대전광역시 이수옥, 부산광역시 김영숙, 울산광역시 문소현, 인천광역시 이재영, 경기도 박수진, 강원도 이혜원, 경상남도 장정인, 경상북도 박영순, 전라남도 이계영, 전라북도 강미경, 제주특별자치도 한현정, 충청남도 윤주희, 김현이, 충청북도 김은형

3. 현 임원

사단법인 이전에 임직원으로 일하셨던 분들의 수고에 깊은 감사드립니다.

4. 이사 구성과 지회

사단법인체는 같은 일을 하는 사람끼리 모인 단체로서 대부분의 단체는 중앙회 이사를 중앙회장이 임명한다.

그러나 (사)한국피부미용사회중앙회는 각 지회에서 선출하여 지회장으로 당선된 자를 중앙회 총회의 인준을 받아 회장이 이사로 임명한다. 이에 따라 중앙회 이사는 지회장이 당연직으로 겸하게 된다.

또한 대부분의 사단법인은 안건이 있을 때 필요에 따라 이사회를 소집하지만 (사)한국피부미용사회중앙회는 매월 첫째 주 목요일 마다 정기적으로 이사회를 개최한다.

그래서인지 이사회가 가족적인 분위기로 훈훈하기 까지 한다.
중앙회에서 결정되는 모든 의결 사항이 바로 지회에 전달되는 체계로 의사소통이 원활한 아주 이상적인 단체조직이다.

파워 인터뷰

찬란한 역사를 말하다

피부미용인 역사에 찬란히 빛날 발자취

강남 서초구 지회장 **이정미**

 안녕하십니까. 강남 서초구지회 이사 이정미입니다.
 피부미용인 역사에 찬란히 빛날 발자취를 담은 '한국피부미용사회중앙회 15년사'의 피부미용의 백서 출간은 매우 의미 있는 일이라 하겠습니다.
 이 백서를 통해 우리나라의 피부미용 미래의 좌표를 설정하고 새로운 도약의 계기를 만들어 주신 (사)한국피부미용사회중앙회 조수경 회장님께서는 우리나라의 피부미용 산업 탄생을 위한 역정의 시간들과 함께 세계적으로 인정받을 수 있도록 피부미용의 국가직무 표준을 대표 집필하셨습니다.
 뿐만 아니라 피부미용인의 회원의 집인 한국피부미용사회중앙회를 기관으로서의 위상을 세워 주신 조수경 회장님과 함께 노력하신 분들께 다시 한번 '한국피부미용사회중앙회 15년사' 백서 출간을 축하드립니다

희생과 봉사 그리고 열정의 결과를 축하하며

강서 양천구 지회장 **정인순**

 대한민국의 피부미용 산업 백서를 출판하게 된 것을 진심으로 축하드립니다.
 피부미용국가자격제도가 만들어진지 15년이 된 지금 피부미용인들의 소망과 염원이 담긴 피부미용인들의 백서가 출판된다고 하니 너무나도 감격스럽고 감회가 새롭습니다.
 고진감래(   )라고 했던가요. '고생 끝에 낙이 온다'고 바로 한국피부미용사회중앙회를 희생과 봉사 그리고 열정으로 이끌어주신 조수경 회장님을 가리키는 것 같습니다.
 전국 피부미용인들의 권익과 지위 향상을 위해서 앞장서서 불철주야(不撤晝夜) 힘쓰고 애쓰시는 조수경회장님께 진심으로 축하의 말씀 전하고 싶습니다. 그리고 이 영광을 함께 할 수 있게 해주셔서 진심으로 감사드립니다.

백서, 피부미용인들이 이룩한 자랑스러운 발자취

마포 용산구 지회장 **강덕희**

한국피부미용사회중앙회의 '한국피부미용사회중앙회 15년사' 백서 출판기념일을 축하드립니다.

조수경 회장님과 부회장님들, 선배님들, 임직원들과 전국의 이사님들과 우리 피부미용인들이 하나되어 이룩한 자랑스러운 발자취입니다.

창립 이래 끊임없이 발전하고 있고, 앞으로도 존경받는 한국피부미용사회중앙회와 피부미용인의 자긍심을 북돋아주는 중앙회가 되길 진심으로 기원하며 다시 한 번 백서출판기념일을 축하드립니다.

뜻깊은 기념일이 무궁한 발전과 번영의 초석이 되기를 기원합니다.

대한민국 피부미용의 역사서 될 것

은평 서대문구 지회장 **황민자**

'한국피부미용사회중앙회 15년사' 백서 출간을 진심으로 축하드립니다.
조수경 회장님의 35만 피부미용인들을 위해 밤낮을 가리지 않고 싸우며 삭발도 마다않으셨던 그 날의 처절한 역사의 현장을 우리는 똑똑히 보았습니다.
그 숭고한 희생으로 오늘의 영광이 있을 수 있었습니다.

조선왕조 500년사의 기록이 세계적 유산이 되었듯, 매일매일 피부미용인의 새로운 역사를 써내려가고 있는 이번 출간되는 백서는 대한민국 피부미용의 역사서가 될 것이라 확신합니다. 아울러 백서 출간에 힘께 힘써 주신 조수경 회장님을 비롯한 모든 분들의 노고에도 다시 한 번 감사드립니다.

다시한번 '한국피부미용사회중앙회 15년사' 출간을 진심으로 축하드립니다.

피부미용의 정확한 정체성과 가치를 알리는 역사책

종로 동대문구 중구 지회장 **김지영**

조수경 회장님의 끊임없는 도전과 열정으로 피부미용업이 전문화 되어 탄생되었으며 피부미용업이 자리매김하는데 큰 영향을 주었습니다.

그동안 노력한 역사의 결과 기록물인 '한국피부미용사회중앙회 15년사' 백서를 통해 후배들에게 피부미용의 정확한 정체성과 가치를 널리 알릴 수 있는 역사 책입니다.

앞으로도 피부미용업이 더욱 높은 목표를 향해 나아가며 발전을 응원하고 기원합니다.

'한국피부미용사회중앙회 15년사' 백서 발간을 축하드립니다!

기록으로 남아 피부미용역사와 정체성 널리 알려지길

강원도 지회장 **이혜원**

'한국피부미용사회중앙회 15년사' 발간을 축하드립니다.
전문화되지 않았던 피부미용의 국가자격과 국가피부미용직무를 표준화 하여 집필하여 주셨으며 피부미용인들의 업권을 지속적으로 확대하고 권익보호를 위해 노고를 아끼시지 않는 피부미용의 역사 하면 조수경하고 뗄 수 없는 불과 분의 관계가 아닐 수 없습니다.
이런 수많은 역사의 사실을 백서를 통해 기록되어 기쁩니다.
또한 이렇게 축하의 글을 올릴 수 있는 영광도 주시니 정말 감사드립니다.
한국피부미용사회 강원도 지회장으로 활동하면서 가장 값진 감동의 순간 입니다.
아울러 조수경 회장님과 함께 힘을 모아주신 선배 그리고임원님들의 노고와 수고가 백서를 통해 기록으로 남아 후배 피부미용인들에게 정확한 피부미용역사와 정체성을 널리 알리 수 있으리라 여겨집니다.

미래 30년을 인도할 이정표가 되시길

경기도 지회장 **박수진**

안녕하세요. 한국피부미용사회 경기도지회 지회장 박수진입니다.
우리 피부미용산업은 어느덧 30년이라는 짧지 않은 역사를 새겨나가고 있습니다.
이 긴 여정동안 학계, 연구계를 포함한 산업계 곳곳에서 밤낮으로 연구개발과 실제적 활용을 위한 다양한 노력을 지속해 나가고 있는 많은 피부미용인들이 있습니다.
한국피부미용사중앙회는 이러한 우리 모두의 노력을 하나의 결실로 집대성하고자, 이번의 백서를 발간하게 되었습니다.

이 백서는 우리 피부미용의 30여년의 역사를 집대성하는 증거이며, 동시에 미래 30여년의 갈 길을 인도하는 이정표가 될 것입니다.
본 백서의 개발과 집필에 앞장서 온 모든이들의 노력에 격려와 축하의 말씀을 드립니다. 감사합니다.

백서는 후배들에게 역사 교과서가 될 것

경상북도 지회장 **박영순**

먼저 한국피부미용사회중앙회 '한국피부미용사회중앙회 15년사' 출판을 축하드립니다.

모든 나라마다 역사 교과서가 있듯이 이번 15년 백서는 우리 피부미용인들의 역사 교과서가 아닌가 싶습니다. 후배 피부미용인들이 이 책을 꼭 읽어보시고, 선배들이 후배들에게 안정된 토대를 만들기 위해 얼마나 고군분투 했는지를 느끼고, 직접 참여는 못 했지만 글로써 체험해 보는 좋은 기회가 되었으면 좋겠습니다. 이 책을 만들기 위해 수고하신 조수경 회장님과 편찬위원들의 노고에 감사드립니다.

역사로 길이 남을 기록물

광주광역시 지회장 **김계현**

백서 편찬을 앞두고 감회가 새롭다. 피부미용인으로 광주지회장으로, 오랜 세월 열심히 해오며 기쁜 일도 많았지만 다른 때보다 가슴이 두근거립니다.
또한 피부미용인들이 이렇게 자리를 잡고 목소리를 낼 수 있게 된 것은 조수경 회장님의 큰 뜻이고 피부미용인의 사랑과 생명이 아닌가 생각합니다.

글자를 새겨 넣는다고 변하는 건 없지만 역사로 길이 남을 것입니다.
피부미용이 평생에 직업이 된 나는 백서에 담겨 영원히 더욱 오래오래 남을 것 같아 진심으로 행복합니다.

긍지와 자부심으로 피부미용역사서 기대

대구광역시 지회장 **최외숙**

한국피부미용사회 대구광역시지회 지회장 최외숙입니다.
우리의 역사책 피부미용사의 백서가 나오기까지 너무 수고해주신 조수경 회장님과 부회장님 그리고 모든 이사님 들께 깊은 감사를 드리며 피부미용인으로써 긍지와 자부심을 가지고 세상 모든 사람의 아름다움을 위해 노력하며 아름다운 노동자로 더욱 열심히 살아 갈 것입니다.

백서에 글을 올리게 되어 영광스럽습니다. 고맙습니다

전문적 지식 바탕으로 한 피부미용 역사 담아

대전광역시 지회장 **이미자**

우리가 하고 있는 전문적인 지식을 바탕으로 피부 역사에 대해 백서가 나오기까지 고된 일이 많았지만, 우리는 해냈습니다.

전국 피부미용인들이여 함께 축하의 함성소리를 크게 외쳐주십시오.

피부미용사랑을 담은 역사 백서

부산광역시 지회장 **김규랑**

한국피부미용사회중앙회가 생긴 탄생한 백서. 조수경 회장님의 피부미용사랑을 담은 역사 백서.

후배들에게 남깁니다. 수많은 힘든 일을 고비 고비 넘기며 그동안 고생하신 조수경 회장님의 마음이 담겨있는 피부미용역사가 기록된 역사백서 탄생을 축하드립니다.
그 역사 속에 피부미용인들을 위해 단단한 결실을 맺으셨고, 우리의 후배들이 피부미용의 미래를 잘 지켜 나갈 수 있도록 하는 것 또한 우리가 해야 될 책임이라 생각합니다.

조수경 회장님 진심으로 존경하고 영원하시길 기원합니다.

피부미용 역사 백서 출판을 축하드리며

울산광역시지회 지회장 **문소현**

한국피부미용사회중앙회 생긴 역사를 실은 백서, 그 속엔 조수경 회장님의 희노애락이 겹쳐지면서 저의 뇌리를 스쳐 지나갑니다.
 그 세월 속에 한 송이 꽃을 피우듯 백서가 만들어진 것은 조수경 회장님의 피와 땀으로 만들어진 것입니다. 그렇기에 피부미용역사를 잘 지키는 것도 후배들이 해야 할 일입니다.

(회장님의 노고를 생각하면서 조 수 경 회장님 존함을 가지고 삼행시를 지어본다.)
 조: 조직을 모르는 피부미용인들을 이끌고,
 수: 수많은 일을 가르치고 추진하면서 피부미용 중앙회를 지키고 키워왔네.
 경: 경사스러운날, 존경하는 울 회장님 피부미용의 역사 백서 출판일에 모든 피부미용인들은 축배를 들자.

마음의 고향 같은 온기가 있는 협회

인천광역시 지회장 **이재영**

우리는 한국피부미용사회중앙회와 지회 전국 피부미용인이 공존하며, 온기와 소망 속에 한송이 꽃 맑고 향기롭게 피어나는 피부미용인의 자부심과 권익보호를 위해 수십 수백 번이고 내가 가진 마음 전부를 주고 싶은 곳입니다.

한국피부미용사회중앙회는 제게 마음의 고향같은 온기가 있는 곳입니다.
 그냥, 좋습니다. 조수경 회장님이 계시고 지회장님들이 함께하고 친구 같은 회원님들의 맑고 향기로운 우정이 있기 때문입니다.

행복합니다. 고맙습니다.

피부미용인들이 걸어 갈 방향과 초석 역할

전라남도 지회장 **양미영**

'한국피부미용사회중앙회 15년사' 출간을 축하드립니다.
 개척되지 않은 험한 길을 흔들림 없는 사명감과 리더쉽으로 한국의 피부미용역사를 탄생시켰으며 전문화를 이루어 주신 조수경 회장님.

 우리의 자부심이자 피부미용의 역사를 알 수 있는 기록물입니다.
 더불어 조수경 회장님과 함께 한 곳을 바라보며 힘을 모아 주신 전국의 역사 속 선배님들과 회원 여러분께도 감사드립니다.

 '한국피부미용사회중앙회 15년사'가 앞으로 피부미용인들이 걸어갈 방향의 초석이 되는 지름길이 되길 기원하며 후배들에게도 표본이 되는 길라잡이 역사의 자료가 되길 기원합니다.

피부미용인들의 희망이자 피부미용인들의 미래

전라북도 지회장 **강미경**

 한 사회를 변화시키고 제도를 정착시키는 일을 정열적으로 전력투구하신 우리 조수경 회장님. 우리의 피부미용인의 영원한 멘토이자 수호자이신 조수경 회장님의 끊임없는 열정은 우리 피부미용 산업의 미래로 향하는 밝은 등불이고, 우리가 직면한 대단한 도전 속에서도 굽히지 않고 일어선 그 인내력과 용기는 우리에게 영원한 감동을 안겨주셨습니다.

 피부미용인들의 현안인 미용기기 합법화를 이뤄내신 후 발간되는 '한국피부미용사회중앙회 15년사'는 한 권의 책으로 엮어져 후배들에게 용기와 희망을 주는 귀한 소장 가치 높은 백서로 남을 것입니다.

 다시 한번 '한국피부미용사회중앙회 15년사' 출판을 축하드립니다.

우리들의 마음속에 중요한 기억과 발자취가 되어주길

제주도 지회장 **한현정**

'한국피부미용사회중앙회 15년사' 발간은 피부미용인인 저에게는 감동입니다.
한국피부미용사회중앙회 조수경 회장님. 한 여인의 인생이 피부미용업을 위해 잔다르크와 같은 사명감으로 투쟁과 노력을 아끼지 않은 역사라고 해도 과언이 아닙니다.
'한국피부미용사회중앙회 15년사'는 피부미용인이라면 한번쯤은 읽어야 할 필 독서라 생각합니다.

피부미용의 탄생과 현재까지의 역사를 알고 가치를 가슴에 담아 직업에 대해 자긍심을 가질 수 있을 것입니다.
피부미용에 한 획을 긋는 역사를 만들어주신 조수경 회장님 존경하고 사랑합니다.

역정의 세월 볼수 있는 피부미용 역사서적

충청남도 지회장 **김현이**

'한국피부미용사회중앙회 15년사' 피부미용역사를 기록하는 백서 출판을 축하드립니다.

피부미용인을 위한 업무를 국가자격으로 탄생시켰으며 국가로부터 업권보호와 직무의 표준을 정의하신 한국피부미용사회중앙회 조수경 회장님을 필두로 피부미용의 선배님들과 현재도 피부미용을 위해 힘을 모아주신 회원님께 감사드리며 피부미용의 과거와 현재의 역사를 기록하고 피부미용의 탄생이 있기까지 역정의 세월을 볼 수 있는 역사서적입니다.

한국피부미용을 위해 반 평생을 투쟁으로 권익보호를 위해 불철주야 애쓰신 조수경 회장님께 지면을 통해 다시 한번 감사를 드립니다.

한국피부미용의 근거를 이룬 15년의 역사책

충청북도 지회장 **김은형**

 한국피부미용의 근간을 이룬 15년의 역사를 정리한 백서 출간을 진심으로 축하드립니다.

 많은 사람의 헌신과 노력으로 이룬 오늘의 업적이 지속되어 우리 피부 미용인들의 자부심과 자긍심을 높이는데 좋은 계기가 되었으면 합니다.

 아울러 조수경 회장님의 열정에 깊은 존경을 표하며 회장님께서 이룬 피부미용의 법적 근간이 지속가능한 발전의 토대가 되어 피부미용업의 인식 개선과 저변 확대로 이어져 K-뷰티의 중심으로 우뚝 서는 한국피부미용사회중앙회가 되길 기원합니다.

내 마음의 고향 같은 협회

전 한국피부미용사회중앙회 부회장 **김보미**

수십 수백 번이고 내가 가진 마음 전부를 주고 싶은 곳. 한국피부미용사회중앙회는 제게 마음의 고향같은 온기가 있습니다. 그냥 좋습니다. 조수경 회장님이 계시고 지회장님들이 함께하고 친구같은 회원님들의 맑고 향기로운 우정이 있기 때문입니다.
행복합니다. 고맙습니다.

15년 역사의 이해와 공감대 넓히는데 도움 기대

전 진주보건대학교 뷰티디자인과 교수 **하명희**

'한국피부미용사회중앙회 15년사' 편찬 백서를 출간하게 됨을 진심으로 축하드립니다. 지난 역사를 되돌아보면 2001년 가칭 사단법인 한국피부미용관리사협회 발기인대회 및 발족식을 시작으로, 2007년 4월 보건복지부로부터 한국피부미용사회중앙회 사단법인으로 승인되어 15년이 되었습니다.

국내경제의 급변하는 환경속에서 한국피부미용사회중앙회는 다양한 피부미용 현안 과제를 해결하고, 피부미용인의 업권을 증진시키고 보호하기 위해 다방면의 노력을 기울여 왔음에 찬사를 보냅니다.

한국피부미용사회중앙회 15년사 편찬 백서를 통해 15년 역사의 이해와 공감대를 넓히는데 도움이 되길 기대하며, 앞으로도 피부미용인들의 따뜻한 격려와 아낌없는 지지와 성원을 당부드립니다.

아무리 의미있는 역사라도 기록해야 기억된다

동의과학대학교 의료피부미용과 교수 **장정현**

 한국피부미용사회중앙회 설립 이후 그간의 노력을 담은 백서 출간을 진심으로 축하드립니다.

 피부미용은 1991년 국내 최초로 대학에 피부미용과가 개설되면서 전문적인 학문으로 인정받기 시작했고, 2008년 미용사(피부) 국가자격증이 시행되어 피부미용 분야의 전문성 인정과 피부미용사라는 직업이 대중적으로 인식되는 계기가 되었습니다.

 또한 2014년 피부미용 국가직무능력표준(NCS)이 국정과제로 채택되어 산업현장에서 필요한 직무 능력을 표준화하여 교육훈련과 자격제도를 개선함으로써 피부미용 분야의 인력 양성과 능력 개발에 기여하고 있습니다.

 대학 내 피부미용과 개설, 국가자격증 신설, 국정과제 채택은 '대한민국 피부미용 3대 변혁'이라고 할 수 있습니다. 여기에 덧붙여 2019년 피부미용업 업종세분화, 2023년 피부미용기기 사용지침 확정 시행으로 명실상부 '피부미용산업은 고부가가치 신성장 동력 산업의 주역 전문직'으로 체계를 확고히 하고 있습니다.

 이러한 한국피부미용사회중앙회의 행보에 감사드리며 그 중심에서 변혁적 리더십을 발휘해주시는 조수경 회장님과 협회 관계자 여러분께 머리숙여 존경을 표합니다.

 산업의 발전과 인프라 구축은 대학 학과의 생존과도 직결합니다. 조직의 파워가 학문의 파워가 될 수 있도록 디지털 전환시대 글로벌 피부미용의 메카가 대한민국이 될 수 있도록 지속적인 선봉장 역할을 해주시기를 부탁드리며, 대학은 백서의 주인공들을 양성하는데 최선을 다하겠습니다.

 아무리 의미있는 역사라도 기록해야 기억된다고 했습니다. 이러한 우리나라 피부미용 산업의 발전과 역사를 담은 백서 출간으로 피부미용의 뿌리를 만들어주심에 깊은 감사와 축하의 말씀을 전합니다.

피부미용역사의 지표가 되는 역사책 될 것

회원 **권영자**

'한국피부미용사회중앙회 15년사' 백서 출간 소식에 그간 (사)한국피부미용사회중앙회 조수경 회장님께서 피부미용을 위해 애쓰셨던 기억의 시간들이 주마등처럼 떠오릅니다.

한 순간도 피부미용 후배들을 위해 한발 앞서 고민하고, 이끌어 주며 대한민국 피부미용을 발전시키고 선진화 시키는 것에 아낌없이 자신을 헌신하신 조수경 회장님께 진심으로 고맙고 감사드리며, 백서를 통해 피부미용 후배들에게 널리 알릴 수 있는 피부미용역사의 지표가 되는 역사책이 될 것입니다.

앞으로 더욱더 열심히 응원하며 믿고 따라가겠습니다.

역사의 흔적과 노력이 쌓인 열매 같은 역사서

회원 **김광자**

품격있는 피부미용 직업군을 정립시키려고 노력해 오신 조수경 회장님.

조수경 회장님과 함께 미약 하나마 협조해온 전국 임원진들과 피부미용 회원님들과 함께 '한국피부미용사회중앙회 15년사' 출판을 진심으로 축하드립니다.

지나온 자욱마다 고되고 힘든 역사흔적, 노력으로 쌓인 고운 열매가 되어있는 현재에 보람을 느끼며 박수를 보냅니다.

끝으로 '한국피부미용사회중앙회 15년사' 발간을 축하드립니다.

피부미용인들의 30년 투쟁의 역사

한국피부미용사회중앙회 기술강사 **정신희**

'한국피부미용사회중앙회 15년사' 발간을 진심으로 축하드리며 또한 저 개인적으로 감개무량합니다.

피부미용인를 위해 지난 30여년 동안 긴 투쟁을 하여 피부미용국가자격증으로 인정받기까지 이 자리에 오신 조수경 회장님의 지나온 역사가 주마등처럼 스쳐 지나갑니다.

초창기 피부미용에 대한 전문가들이 없다 보니 "이 분야에 국가 자격증이 왜 필요하냐"란 질문에 그들을 이해시키고 설득하는 과정에서 무덥던 여름날 과천 정부종합청사. 여의도 국화 뜰 앞 눈물의 삭발식을 하며 "피부국가자격증이 아니면 목숨을 내어 놓겠다"면서 울부 짖었던 지난날. 비가 오는날에도 1인 시위를 하며 헌법재판소 정문 앞, 엄동설한에도 모 장관 아파트 정문 앞에서 1인 시위를 하며 피부 미용사의 중요성을 어필하신 조수경 회장님의 노고를 다시 한번 진심으로 감사드립니다.

편찬위원

위원장 : **강윤구** (한국실명예방재단 이사장)
위　원 : **최영현** (한국복지대학교 특임교수)
　　　　김종환 (김종환법률사무소 변호사)
　　　　김문주 (동방문화대학원대학교 석좌교수)
　　　　신연종 (뷰티신문 수 대표)
　　　　조규태 (주식회사 캄앤씨 대표)

사단법인 한국피부미용사회중앙회 15년사

발행일	2024년 3월 30일
발행인	조 수 경
발행처	사단법인 한국피부미용사회중앙회
	T. 02-586-7343~4
	서울시 마포구 창전로60 서강빌딩 5층
	www.kocea.org
제 작	사단법인 한국피부미용사회중앙회
ISBN	978-89-957393-4-1
정 가	100,000원

이 책의 저작권은 사단법인 한국피부미용사회중앙회에 있습니다.
서면 동의나 허락이 없이는 무단전재와 복제를 할 수 없습니다.